改訂

学校グループワーク・トレーニング

坂野公信 監修　日本学校グループワーク・トレーニング研究会 著

図書文化

図書文化社版　発刊に寄せて

　私たち日本学校グループワーク・トレーニング研究会（発足時は横浜市学校グループワーク・トレーニング研究会）は，1987年4月にグループワーク・トレーニング（以下GWT）研究の第一人者である坂野公信氏のご指導の下，発足しました。坂野公信氏が成人を対象に行ってきたGWTの有効性を認め，GWTを学校教育の中に取り入れていくことを目的に，現在も活動を続けています。

　これまで，株式会社遊戯社の木内宣男氏のご協力を得て，4冊の本を発刊することができました。会員のそれぞれが学校現場で実践を積み重ねた財（実習）や考え方を載せたものです。

　その後，時代の変化に合わせ，本の改訂にも取り組みました。

『改訂　学校グループワーク・トレーニング』（2009年改訂第1刷）
　※『学校グループワーク・トレーニング』（1989年初版）の改訂版

『協力すれば何かが変わる＜続・学校グループワーク・トレーニング＞』（1994年初版）

『学校グループワーク・トレーニング3』（2003年初版）

『学校グループワーク・トレーニング4』（2014年初版）

　この度，これらの本を図書文化社から発刊していただけることになりました。表紙のイラストや装丁などに少し変更した部分はありますが，内容は今までと同じです。

　最後になりましたが，これまでご指導いただいた故坂野公信氏，本の作成にご協力いただいた故木内宣男氏，引き続き本を発刊することにご尽力いただいた図書文化社の皆様に感謝申し上げます。

2016年3月

　　　　　　　　　　　　　　　　　　　　日本学校グループワーク・トレーニング研究会
　　　　　　　　　　　　　　　　　　　　会員一同

「学校グループワーク・トレーニング」の本を手にとられた皆様へ

> ・GWTのねらいは，集団に積極的に参画し，責任を分担する協働者を養成すること。
> ・GWTでは，自らの気づきによって，自ら行動変容することを求めている。また，一人一人が成長していくとともに，集団も成長していくと考えている。「個」と「集団」の両者の成長を大切にしている。

　私たちは，子どもたちに「協力をしましょう」ということを投げかける場面があると思います。この「協力」という言葉は意味が広く，具体的にどのような協力をすればよいのかということを，子ども自身はわからないことがあります。

　そこで，具体的にどのようにすればよいのかということを子どもたちが体験的に学べる方法の一つとして，学校GWT財（実習）を開発し，実践してきました。

　学校GWTでは，グループで課題を解決する活動を行います。この活動では，協力をしない（互いに関わらない）と解決ができない課題や手順，ルールを設けています。活動後に必ずふりかえりの時間を設けます。このときにふりかえりシートを使うなど文字で書き表すことにより，自分の気づきをより明確にできるようにします。

　活動のふりかえりのときには，課題解決のプロセスに着目をし，互いのどのような具体的な行動が課題解決に役立ったのかを話題にします。そして，それぞれの気づきをグループや全体で共有していきます。そのとき，直接課題解決に役立つ行動だけではなく，賛成した，励ましたなど，互いの関係性が進んだり，グループの雰囲気が和らいだりするような行動にも目が向けられることが望ましいと思います。このような活動のふりかえりの中で，「自分がやってよかった」「友達が気づいてくれてうれしかった」などの思いを子どもがもてることが，自尊感情の高まりにつながっていくと考えています。そして「もっと自分にできることをしていこう」と積極的に集団に関わっていこうとする子どもになっていくと考えています。さらに，子どもが自分の気づきや他者の気づきから「協力をするということはどのようなことか」や，「協力することのよさ」などがわかり，日常生活に生かしていこうとするところまで学校GWTではめざしています。

　私たちは，課題解決のプロセスでの学びと集団の関係づくりでの学びを両輪と考え，どちらも大切にし，子どもたちがいろいろな視点で気づきを得られるように，構成的に学校GWT財を作成しています。あくまでも子ども自身の気づきを大切にし，常に指導者が自分のもつ価値観や方向性を無意識のうちに押しつけていないかどうか，ふりかえるように心がけています。

　本書の学校GWT財については，【留意点】を参考にしながら，子どもたちの実態に合わせて臨機応変にお使いください。実践の際に不明な点がありましたら，研究会までお問い合わせください。

2016年3月

日本学校グループワーク・トレーニング研究会
研究会ホームページ　http://japanschoolgwt.jimdo.com/

はじめに ── この本を使うあなたのために ──

　この本は，現在の学校教育の中で，活力を失いつつある子どもたちが，生き生きとした活力をとりもどして自立した人間になり，学級全体を楽しく明るくするためには，グループワーク・トレーニング（GWT）が有効ではないかと考えた，私たち神奈川と，東京の若い教師たちの研究レポートです。数年前から断続的にGWTの勉強をしていたのですが，1987年4月から1年間集中的に研究を重ね，その後いくつかの修正を加えて，45～50分の授業内に実施できるようにつくりました。

　GWTでは，45～50分の中で，次の3つのことを行います。
1．ある課題にグループで取り組み，解決する。
2．課題を解決しているとき，グループの一人ひとりはどういうことをしていたかをふりかえる。
3．ふりかえったことを教師がまとめ，日常生活に一般化するように示唆する。
　　このようなことをくりかえし行うことで，子どもたちに行動変容をうながしていこうと考えているのです。

　この本の第Ⅰ章から第Ⅴ章までは，クラスの集団形成の局面に対応して書かれています。
グループ活動をすると，いつもあの子は黙っているだけだわ。
　　　　と思っているあなたには………第Ⅰ章　情報を組み立てることを素材としたGWT財
どうも仲良くグループ活動ができないわ。
　　　　と思っているあなたには………第Ⅱ章　力を合わせるGWT財
どうも友達の意見をしっかり聞かないようだわ。
　　　　と思っているあなたには………第Ⅲ章　聴き方を学ぶGWT財
何かを決めるとき，いつも多数決でしか決められないわ，もっと別のやり方はないかしら？
　　　　と思っているあなたには………第Ⅳ章　コンセンサスの良さを学ぶGWT財
いつも友だちのあげあしとりばかり，どうしたら友だちのよいところに目が向くのかしら。
　　　　と思っているあなたには………第Ⅴ章　友人から見た自分を知るGWT財
　そして，これらのGWT財のバックグラウンドになっている理論については，第Ⅵ章に書かれています。

　各章のGWT財には，実施の目安となる学年を示してあります。といっても，それらはだいたいの目安なので，クラスの状況によって変わってくると考えられます。たとえ高学年であっても，最初は，小学校低学年向けからやってみたり，中学年であってもクラスが成熟していれば，高学年向けもできます。あくまでもクラスの実

態に合わせてお使いください。

　各GWT財には，ねらい，準備するもの，時間配分，すすめ方，留意点，などがくわしくかかれていて，誰でもすぐに使えるように編集されています。しかし，学校GWTは研究途上であり，未解決の危険な要素も含んでいます。そこで，お願いがあります。

1．今の子どもたちの状況に，GWTのねらいが合致するかどうかを検討してください。
2．実施する前に，教師自身が一度体験してみてください。体験することによって，すすめ方のポイント，観察のポイントがつかめるからです。
3．GWTでいちばん大切なことは，「ふりかえり」をすることです。なぜなら，ふりかえることによって，ねらいとするところに近づいていくことができるからです。

　ただし，ふりかえりをすることで，友だちのいやな面ばかりを意識することがないように，十分気をつけてください。大人であれば，そのことが自分を変えていくきっかけにもなると思いますが，子どもたちにとっては，いじめの原因になる場合もあるからです。

　この本を使われた方は，この本の最後にある実践報告書で実践した記録を送っていただきたいと思います。この本をとおして，全国の学校GWTに関心をお持ちの方々と手を結び，研究を深めていくことができれば，幸いです。

　最後になりましたが，本書を出版する機会と原稿を整理してくださった遊戯社の木内宣男氏に感謝いたします。

1989年9月

横浜市学校GWT研究会　会員一同

改訂にあたって

　実践を積み重ねていくうちに，学校GWTとしての考え方が深まってきました。特にふりかえりの場面で，子どもたちのプラス面をみていくことの重要性を感じるようになりました。そこで，今回，ふりかえりシートの見直しを中心として改訂版を作成しました。

　今後も研究を続けていきたいと思いますので，ご意見のある方は，ぜひおよせください。

2008年

日本学校GWT研究会　会員一同

も　く　じ

はじめに　──この本を使うあなたのために──……………………… 1, 2
もくじ……………………………………………………………… 3, 4, 5, 6

I　情報を組み立てることを素材としたGWT財

　　　情報を組み立てるGWTとは ……………………………… 8, 9
　1．ぼくらは探偵団 ………………………………〔小・高学年～〕…… 10
　　　・指　示　書　　　　　　11
　　　・情報カード　　　　　　12, 13, 14, 15
　　　・ふりかえりシート　　　16
　2．編　集　会　議 ………………………………〔小・中学年～〕…… 17
　　　・指　示　書　　　　　　18
　　　・情報カード　　　　　　19, 20, 21
　　　・ふりかえりシート　　　22
　3．わたしたちのお店やさん ……………………〔小・中学年～〕…… 23
　　　・情報カード　　　　　　24, 25
　　　・白　地　図　　　　　　26
　　　・正　　　解　　　　　　27
　　　・ふりかえりシートA　　28
　　　・ふりかえりシートB　　29
　4．先生ばかりが住んでいるマンション …………〔小・高学年～〕…… 30
　　　・正　　　解　　　　　　30
　　　・情報カード　　　　　　31
　　　・マンションの図　　　　32
　　　・ふりかえりシートA　　33
　　　・ふりかえりシートB　　34
　5．ぼくらの先生 …………………………………〔小・高学年～〕…… 35
　　　・指　示　書　　　　　　36
　　　・正　　　解　　　　　　36
　　　・情報シート　　　　　　37
　　　・ふりかえりシート　　　38

II　力を合わせるGWT財

　　　力を合わせるGWTとは ………………………………… 40, 41
　1．絵まわしドン！ ………………………………〔小・低学年～〕…… 42
　　　・協力ゲームカード〔くだもの編〕　43, 44, 45
　　　・協力ゲームカード〔か　お　編〕　45, 46, 47
　　　・協力ゲームカード〔季　節　編〕　48, 49, 50

- ふりかえりシート　　　　　　51
2．パズルしましょう …………………………〔小・中学年〜〕……… 52
- グループへの指示書　　　　　53
- ふりかえりシート　　　　　　54
3．図形をつくろう ……………………………〔小・中学年〜〕……… 55
- リーダーへの指示書　　　　　56
- 図形カード　　　　　　　　　57
- 難度を高くするための余分のカード　58
- ふりかえりシート　　　　　　59
4．人間コピー …………………………………〔小・中学年〜〕……… 60
- もとの絵〔海中〕　　　　　　61
- もとの絵〔宇宙〕　　　　　　62
- もとの絵〔風景〕　　　　　　63
- ふりかえりシート　A　　　　64
- ふりかえりシート　B　　　　65
5．ぼくらの編集室 ……………………………〔小・高学年〜〕……… 66
- 課題シート　　　　　　　　　67
- リーダーへの指示書　　　　　67
- ふりかえりシート　　　　　　68

III　聴き方を学ぶ GWT 財

聴き方を学ぶ GWT とは………………………………………………… 70, 71

1．ぼくらは建築家 ……………………………〔小・高学年〜〕……… 72
- 言葉かけ　1　　　　　　　　73
- 言葉かけ　2　　　　　　　　73
- 課題1シート　　　　　　　　74
- 課題2シート　　　　　　　　75
- 課題1 正解　　　　　　　　76
- 課題2 正解　　　　　　　　76
- ふりかえりシート　　　　　　77

2．ぼくらはジョーズ（話し上手・聞き上手）………〔中学生〜〕………… 78
- 課題1シート　　　　　　　　79
- 課題2　リーダーへの指示書　A　80
- 課題2　リーダーへの指示書　B　81
- ふりかえりシート（リーダー用）　82
- ふりかえりシート（メンバー用）　83

Ⅳ コンセンサスの良さを学ぶGWT 財

集団決定という方法を知るGWTとは……………………………86, 87, 88
1．火事だよ！ ………………………………………〔小・中学年～〕……… 89
- 課題シート（メンバー用）　90
- 課題シート（グループ用）　90
- ふりかえりシート　91

2．クラスにとって大切な人は，どんな人？ ………〔小・中学年～〕……… 92
- 課題シート（メンバー用）　93
- 課題シート（グループ用）　93
- ふりかえりシート　94

3．ぼくらのリーダー ………………………………〔小・高学年～〕… 95, 96
- 課題シート（メンバー用）　97
- 課題シート（グループ用）　98
- ふりかえりシート　99

Ⅴ 友人から見た自分を知るGWT 財

友人から見た自分を知るGWTとは……………………………………102, 103
1．あなたはステキ …………………………………〔小・中学年～〕……104
- グループへの指示書　1　105
- グループへの指示書　2　105
- グループへの指示書　3　106
- ふりかえりシート　107

2．他己紹介ビンゴ …………………………………〔小・高学年～〕108, 109
- 指　示　書　109
- 他己紹介ビンゴゲーム表　110
- ふりかえりシート　111

3．みんなでつくる連絡票 ………………………………〔中学生～〕………112
- 課題シート　113

Ⅵ 学校グループワーク・トレーニングとは

A．GWTとパティシペイターシップ ……………………………………………116
1．GWTの基礎理論　116
2．GWTのねらいは，パティシペイターシップの養成　117
3．パティシペイターシップの内容　118
4．GWTのすすめ方　120
5．ふりかえりについて　120

B．なぜ，学校GWTは必要か……………………………………………………123

1．子どもたちのおかれている状況から　123
　　　2．"べき論"だけでは，変容しない子どもたち　123
　　　3．子どもたちの"自己教育力"を育てる姿勢　124
　　　4．学校教育の中でのGWTの必要性　124
　　　5．教育課程への位置づけ　125
C.「ファシリティター」としての教師像 …………………………………126
　　　1．GWTを実施する際の教師の役割　126
　　　2．「ファシリティター」とは　126
　　　3．ファシリティターに要請される姿勢と態度　126
　　　4．ファシリティター＝教師　127
D.「ふりかえり」と「まとめ」について …………………………………128
　　　1．ふりかえり　　　128
　　　2．ま　と　め　　　128
E. GWTを学級にとり入れてみて …………………………………………131
　　　1．子どもたちに対する対応が変わったこと　131
　　　2．私自身が変わったこと　132

　　　■付録──実践報告書　　　134

I 情報を組み立てることを素材としたGWT財

情報を組み立てるGWTとは

　この章に紹介してあるGWT財は，すべて，グループの一人ひとりの持っている情報（情報カードにかかれた内容）を，お互いに伝えあい，それぞれの情報を組み立て，協力しあって課題を達成することを目的としています。
　このことを達成するために，次のような段階があると思われます。

第1段階　各自が情報を正確に読みとる

　課題達成のためには，不必要な情報も含まれているので，何が大切で，何が大切でないかを取捨選択して読みとらなければいけない。しかし，必要でないと思った情報も，話しあっていくうちに，重要な情報であることがわかり，もう一度情報にあたって考えることも少なくありません。たとえば，この章の「編集会議」では，最初，自分の絵の人物をただの女の子だと思っていたところが，どうも2人いるらしいことに気づき，自分の絵は，どちらだろうと見直すことができるなどです。

第2段階　各自が読みとった情報を正確に表現する

　各自が課題達成のために必要な情報を持っているのです。子どもたちの中には，人前で意見を言ったり，発表したりすることが苦手な子どももいますが，このGWTでは，必ず自分の情報を人に示していかなければ，課題達成ができないのですから，グループの友だちの暖かい励ましで，発表することができるようになると思われます。

第3段階　グループの友だちの情報を正確に受けとる

　あの子は嫌いだからグループにいれてあげない，と思われている子どももいるかも知れませんが，その子の持っている情報も必要なのですから，そうするわけにはいきません。その情報を聞くことは，一人ひとりが重要な人間であることに気づいていくことにつながると思われます。
　なお，友だちの情報を正確に聞きとることができていないなと思われた場合は，第Ⅲ章の聴き方を学ぶGWTを実施されることをおすすめします。

第4段階　集められた情報を協力して組み立て，課題を達成する

　ここにグループ内の協力が必要になります。一人ががんばって，完成させることもできるかも知れません。しかし，情報量が多すぎて時間がかかってしまうでしょう。全員が課題の解決に集中したとき，はじめて，すばやく解決できることに気づかせたいと思います。
　ただし，この段階では，頭の回転の早い数人で解決してしまい，話し合いに追いつけない子がでる場合があります。このようなとき，教師は「グループのみんなが，なぜそうなったか説明できないといけません」などと指示することにより，グループの全員が，その解決に納得できるように配慮をする必要があります。

こんなときに	GWT財	内容	気づき
◎自分の考えを話すことや友だちの考えを聞くことの大切さに気づいてほしい。 ◎グループ活動のとき，黙っている子どもがいる。	ぼくらは探偵団 〔小・高学年〜〕	数字のカードを交換することで，1人1つの正しい式を作る。その式に書かれている文字から宝物を隠してある場所を見つける。	・自分のもっている情報をきちんと伝えなければいけないこと。
	編集会議 〔小・中学年〜〕	1人1枚の絵を持ち，その絵の説明をし，話しあいによって絵の順番を決めて話を組み立てる。	・自分のもっている絵の情報を言葉で正確に伝えることの難しさ。
	わたしたちのお店やさん 〔小・中学年〜〕	それぞれのカードに書いてある商店の位置を示す情報を組み合わせ，商店街の白地図に商店の名前を記入する。	・自分のもっている情報をきちんと伝えなければいけないこと。 ・情報を正しく聴くこと。 ・情報を集め，まとめるときにだれもがその過程をわかっていること。
	先生ばかりが住んでいるマンション 〔小・高学年〜〕	それぞれのカードに書いてある先生が住んでいる場所を示す情報を組み合わせ，マンションの図に住んでいる先生の名前を記入する。	・自分のもっている情報をきちんと伝えなければいけないこと。 ・情報を正しく聴くこと。 ・情報を集め，まとめるときにだれもがその過程をわかっていること。
	ぼくらの先生 〔小・高学年〜〕	それぞれのカードに書いてある先生の座席，趣味，教科，あだ名の情報を組み合わせ，カードの中に書かれた課題を解決する。	・自分のもっている情報をきちんと伝えなければいけないこと。 ・全員が発言することで，お互いのコミュニケーションを深められること。 ・情報を集め，まとめるときにだれもがその過程をわかっていること。

〔小・高学年～〕

1．ぼくらは探偵団

〔ねらい〕
1．自分がもっている情報を，きちんと伝えることができる。
2．人の話をきちんと聴くことができる。

〔準備するもの〕
1．指示書　　　　　　　1グループ1枚
2．情報カード　　　　　1グループ1セット
（画用紙に印刷し，各グループごとに例を参考に文字を記入しておく）
3．ふりかえりシート　　　　　　各自

〔時間配分〕　45分
1．準備・説明　　　　　　　　　7分
2．実　施　　　　　　　　　　 15分
3．結果発表　　　　　　　　　　5分
4．ふりかえり　　　　　　　　 10分
5．まとめ　　　　　　　　　　　8分

〔すすめ方〕
1．準備・説明
　① 子どもたちを3～4人のグループに分け机を囲んですわるように指示する。
　② 〈指示書〉を配り，課題とやくそくを説明する。
　③ 次のように説明をし〈情報カード〉を配る。
　　「これから配るカードは，他の人に見えないようにして配りましょう。大きいカードを1人に1枚ずつ，小さいカードを1人に2枚ずつ配りましょう。はじめの合図があるまでは話さないで待っていましょう」（質問があったら受ける）。
2．実　施
　① 「それでは始めましょう」
　② 終了5分前，3分前になったら知らせる。
　③ 話しあった答えを発表する準備をするように指示する。
　　「時間です。グループごとにカードを表にして確かめ，宝物のかくし場所を発表できるように準備しましょう」
3．結果発表
　　グループごとに宝物のかくし場所を発表する。
4．ふりかえり
　① 〈ふりかえりシート〉を配り記入させる。
　② 〈ふりかえりシート〉に記入したことを中心に，グループで話しあいをさせる。
5．まとめ
　　子どもたちどうしで気づかなかった友だちのよかったところを，この財の〔ねらい〕と関連づけて教師が紹介する。

〔留意点〕
・班ごとに言葉を変えると，早くできたグループがあっても気にならないでできる。
・式や数を工夫することにより，その学年にあった難易度にすることができる。しかし，計算でつまずいてしまうと本来のねらいに達せられなくなるので，やさしめに設定した方がよい。

〔ミニミニ実践例〕
・探偵団という場面設定によりおもしろさが増した。
・子どもたちから次のような感想が出た。
　「みんなで協力しあうこと」
　「人の話をよく聞くこと」
　「あわてない」
　「友だちのことを手伝う」
　「みんなとうまくカードをとりかえる」

指　示　書

〔ぼくらは探偵団〕

　君たちチビッコたんてい団に，宝物のかくし場所をさがしだしてもらいたい。その場所の名前は，君たちにわたされたカードの文字を組み合わせるとわりだすことができる。
　やくそくはつぎの6つだ。

〔やくそく〕
1．自分がもっているカードは，他の人に見せてはいけない。
2．カードに書かれていることは，言葉でグループの人に正しく伝えるようにしよう。
3．メモはとってはいけない。
4．こうかんできるカードは小さいカードだけだ。大きいカードはこうかんできない。
5．せいげん時間は15分間だ。
6．グループ全員の式ができたらカードを表にしてならべ，宝物のかくし場所を見つけ出せ。

〔場所の見つけかた〕
　君たちがもっているカードをグループの人とうまくこうかんしあっていくと，1人に1つの式ができる。グループ全員の式ができたら，いちばん右側のカードの文字をうまく組み合わせると場所の名前がわかる。

〈例〉

2 ケ	＋4＝	6 ガ
8 ケ	－3＝	5 イ
1 サ	＋2＝	3 ン
9 セ	－5＝	4 カ

右側の4つのカードの文字を組み合わせると
カイガン（海岸）になる

情報カード　　　　　　　　〔ぼくらは探偵団〕

8	÷ 2 =	4
10	− 3 =	7
9	+ 5 =	14
3	× 6 =	18

A　コウエン　　　〔ぼくらは探偵団〕

8 ク	÷2＝	4 コ
10 モ	－3＝	7 ン
9 ス	＋5＝	14 ウ
3 キ	×6＝	18 エ

B　リカシツ　　　〔ぼくらは探偵団〕

8 ク	÷2＝	4 カ
10 モ	－3＝	7 シ
9 ス	＋5＝	14 リ
3 キ	×6＝	18 ツ

C　コウテイ　　　〔ぼくらは探偵団〕

8 ク	÷2＝	4 ウ
10 モ	－3＝	7 テ
9 ス	＋5＝	14 イ
3 キ	×6＝	18 コ

D　ナカニワ　　　〔ぼくらは探偵団〕

8 ク	÷2＝	4 カ
10 モ	－3＝	7 ワ
9 ス	＋5＝	14 ナ
3 キ	×6＝	18 ニ

E　ベランダ　　〔ぼくらは探偵団〕

8 ク	÷ 2 =	4 ラ
10 モ	－ 3 =	7 ダ
9 ス	＋ 5 =	14 ン
3 キ	× 6 =	18 ベ

F　オドリバ　　〔ぼくらは探偵団〕

8 ク	÷ 2 =	4 バ
10 モ	－ 3 =	7 リ
9 ス	＋ 5 =	14 ド
3 キ	× 6 =	18 オ

G　キョウシツ　　〔ぼくらは探偵団〕

8 ク	÷ 2 =	4 ツ
10 ジョ	－ 3 =	7 シ
9 モ	＋ 5 =	14 キョ
3 キ	× 6 =	18 ウ

H　オクジョウ　　〔ぼくらは探偵団〕

8 ク	÷ 2 =	4 ウ
10 キョ	－ 3 =	7 ク
9 ス	＋ 5 =	14 ジョ
3 キ	× 6 =	18 オ

I トショシツ 〔ぼくらは探偵団〕

8 ク	÷2＝	4 ツ
10 モ	－3＝	7 ショ
9 キョ	＋5＝	14 ト
3 キ	×6＝	18 シ

K ツクエ 〔ぼくらは探偵団〕

8 ク	÷2＝	4 エ
9 ス	＋5＝	14 ク
3 キ	×6＝	18 ツ

L ロウカ 〔ぼくらは探偵団〕

8 ク	÷2＝	4 カ
9 ス	＋5＝	14 ロ
3 キ	×6＝	18 ウ

J カイダン 〔ぼくらは探偵団〕

8 ク	÷2＝	4 カ
10 モ	－3＝	7 イ
9 ス	＋5＝	14 ダ
3 キ	×6＝	18 ン

※3人の時はイをぬくとカダン

M トイレ 〔ぼくらは探偵団〕

8 ク	÷2＝	4 ト
9 ス	＋5＝	14 レ
3 キ	×6＝	18 イ

ふりかえりシート　　　　　　　　　　　　〔ぼくらは探偵団〕

　　　年　月　日　　年　組　　グループ名　　　　　名前

　　　今のグループのようすを思い出してみましょう。

1．自分の考えをすすんで言うことができましたか。
　　　　①すすんで言えた　②言えた　③あまり言えなかった　④言えなかった

2．グループのみんなに考えを聞いてもらえましたか。
　　　　①よく聞いて　　②聞いて　　③あまり聞いて　　④聞いてくれな
　　　　　くれた　　　　くれた　　　くれなかった　　　かった

3．グループのみんなの考えをよく聞くことができましたか。
　　　　①よく聞けた　　②聞けた　　③あまり聞けなかった　　④聞けなかった

4．「ぼくらは探偵団」をして，ほかによかったことや気がついたことを書きましょう。

2. 編 集 会 議

〔小・中学年～〕

〔ねらい〕
　自分がもっている情報を，言葉によって，確実にメンバーに伝えられるようになる。

　〔準備するもの〕
1．指示書　　　　　　　　　　　1グループ1枚
2．情報カード　　　　　　　　1グループ1セット
　（グループの人数にあわせ5枚か6枚にする）
3．発表用情報カード　　　　　　　　1セット
　（見やすいように拡大するとよい）
4．ふりかえりシート　　　　　　　　　各自

　〔時間配分〕　　45分
1．準備・説明　　　　　　　　　　　　5分
2．実　施　　　　　　　　　　　　　15分
　（話しあい10分，絵の確認5分）
3．結果発表　　　　　　　　　　　　10分
4．ふりかえり　　　　　　　　　　　10分
5．まとめ　　　　　　　　　　　　　 5分

　〔すすめ方〕
1．準備・説明
　① 子どもたちを5～6人のグループに分け，机を囲んですわるように指示する。
　② 〈指示書〉を配り，課題を説明する。
　　「今から1人1枚絵のかかれたカードを配ります。5枚または6枚のカードの順番を考え，その絵の順番にあったお話づくりをします。次のやくそくを守って話しあいをしてください」（〈指示書〉に書かれたやくそくを読みあげる）。
　③ 次のように説明をし，〈情報カード〉を配る。
　　「これから配るカードは，他の人に見えないようにして配りましょう。はじめの合図があるまでは話さないで待っていましょう」（質問があったら受ける）。
2．実　施
　① 「それでは始めましょう」
　② 終了5分前，3分前になったら知らせる。
　　「一つのつながった話になっているかを確かめましょう」

　③ 話しあったとおりに絵を並べ，その順番は変えてはいけないことを指示する。
　　「時間です。話しあいで決めた順番のとおりに絵を並べましょう。並べてみて，変えたいと思っても順番を変えてはいけません」
3．結果発表
　グループごとに発表用情報カードを使ってみんなの前で考えたお話を発表する。黒板に貼ってもよいし，1人1枚自分の情報カードを持ってならんでもよい。
4．ふりかえり
　① 〈ふりかえりシート〉を配り記入させる。
　② 〈ふりかえりシート〉に記入したことを中心に，グループで話し合いをさせる。
5．まとめ
　子どもたちどうしで気づかなかった友だちのよかったところを，この財の〔ねらい〕と関連付けて教師が紹介する。

　〔留意点〕
・課題の絵の組み合わせ方に正解はない。絵をよく見ると子どもと母親と女性が2人いる。自分の絵に出ている女性は，どんな特徴なのか話し，女性2人の区別をつけて話し合いが行なわれていると，より正確に情報を伝えていると考えられる。しかし，そのグループの話し合いとして，同じ1人の女性にするということで互いに確認がとれていれば，そのような話をつくってもかまわない。

　〔ミニミニ実践例〕
・子どもたちは，絵を説明して，お話をつくるところがおもしろかったようである。
・次のような順序で絵を並べていた。
　　A→B→E→F→C→D
　　B→E→F→C→D→A
　　C→D→A→B→E→F
　　A→C→D→B→E→F

・子どもたちは次のようなふりかえりをしていた。
「みんながぼくの方を向いて話を聞いてくれた」
「私が『1人ずつ言わないとわからないでしょう』と言うと，みんなが1人ずつしゃべってくれました」
「とにかく楽しかったです。しかし，女の子というから同じ人だと思いました。やはり今度から説明は，すみずみまで言った方がよいと思いました」

〔編集会議〕

指 示 書

マンガが，バラバラになってしまいました。
これからグループでカードの順番を考え，お話づくりをしてもらいます。

〔やくそく〕
1．自分がもらったカードは，他の人に見せたり，とりかえたりしてはいけません。
2．カードにかかれていることは，言葉でグループの人に正しく伝えるようにしてください。
3．メモはとらないでください。

情報カード

〔編集会議〕

〔編集会議〕

Ⓒ
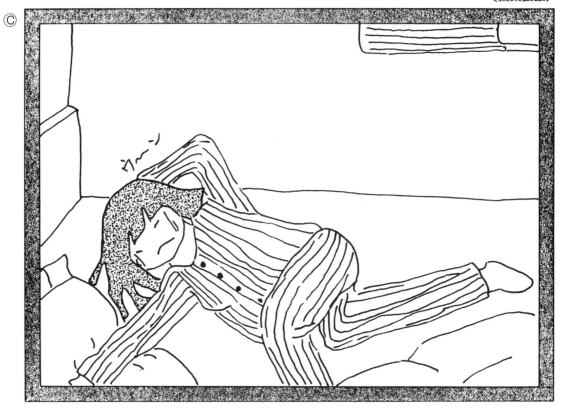

Ⓓ

〔グループが5人の場合は，このカードをぬいて，グループにわたします〕

- 20 -

〔編集会議〕

ふりかえりシート　　　　　　　　　　　　　　　　　　　　〔編集会議〕

　　　　　年　月　日　　年　組　　グループ名　　　　　　名前
―――――――――――――――――――――――――――――――――――

　　　今のグループのようすを思い出してみましょう。
　　　理由を書ける人は〔　　〕に書きましょう。

1．わたされたカードの絵をわかりやすく説明することができましたか。
　　　①わかりやすく言えた　②言えた　③あまり言えなかった　④言えなかった

　　理由〔　　　　　　　　　　　　　　　　　　　　　　　　　　　　　　　〕

2．グループのみんなに説明を聞いてもらえましたか。
　　　①よく聞いて　　②聞いて　　③あまり聞いて　　④聞いてくれ
　　　　くれた　　　　くれた　　　くれなかった　　　なかった

　　理由〔　　　　　　　　　　　　　　　　　　　　　　　　　　　　　　　〕

3．グループのみんなの説明をよく聞くことができましたか。
　　　①よく聞けた　　②聞けた　　③あまり聞けなかった　　④聞けなかった

　　理由〔　　　　　　　　　　　　　　　　　　　　　　　　　　　　　　　〕

4．「編集会議」をして，ほかによかったことや気がついたことを書きましょう。

〔小・中学年～〕

3．わたしたちのお店やさん

〔ねらい〕
1．情報を正確に伝え，聴くことの重要性に気づく。
2．情報を集めたりまとめたりするときに，協力が大切であることを学ぶ。

〔準備するもの〕
1．筆記用具　　　　　　　　　　　　各自
2．白地図　　　　　　　　1グループ1枚
3．情報カード　　　　　　1グループ1セット
4．ふりかえりシート　　　　　　　　各自
5．正解の図　　　　　　　1グループ1枚

〔時間配分〕　45分
1．準備・説明　　　　　　　　　　　5分
2．実　施　　　　　　　　　　　　20分
3．結果確認　　　　　　　　　　　　1分
4．ふりかえり　　　　　　　　　　15分
5．まとめ　　　　　　　　　　　　　4分

〔すすめ方〕
1．準備・説明
　① 子どもたちを4～5人のグループに分け机を囲んですわるように指示する。
　②〈白地図〉を配り，課題を説明する。
　　「道路をはさんで，お店が7軒ずつならんでいます。どのお店が，どんな順番で並んでいるかを考えます。これから配るカードをもとに，みんなで話しあって，図にお店の名前を書き入れましょう」
　③ 次のように説明をし，〈情報カード〉を配る。
　　「これから配るカードは，トランプのようにきってみんなに全部配ってください。カードに書かれていることは，自分の言葉で他の人に正しく伝えるようにしてください。他の人に見せたり，とりかえたりしてはいけません。また，他のグループの人とは話さないでください」（質問があったら受ける）。

2．実　施
　①「それでは始めましょう。時間は20分間です」
　② 終了5分前になったら知らせる。
3．結果確認
　　終了の合図をし，正解の図を配る。
4．ふりかえり
　①〈ふりかえりシート〉を配り記入させる。
　② グループ内で，発表させる。
5．まとめ
　〔ねらい〕にそってまとめる。

〔留意点〕
・〈ふりかえりシート〉は，記入する経験が少ないときにはAを使用する。この場合は項目に沿って発表する。互いの活動の様子について書くことに慣れていたらBを使用する。この場合は，太郎さんについてみんなが言うというふりかえりの進め方でもよい。
・早く終わったグループには，だれもがどのように正解を見つけたか説明できるように，確かめをして待っているように伝える。
・難易度を高くするには次のようにする。
　＊20番のカードを抜く（花屋の場所がすぐにはわからないので，むずかしくなる）。
　＊16～20番のカードを抜く（この5枚のカードが無くても答えは出せるが，かなりむずかしい）。

〔ミニミニ実践例〕
・「みんなで意見を言うとチームワークがよくなる」「意見を言うときには，一人ひとりが順番に言えばよい」というような子どもたちのふりかえりがあった。

情報カード

〔わたしたちのお店やさん〕

1．花屋の前に病院があります。

2．ガソリンスタンドのとなりにつり具屋があります。

3．郵便局は，四角い建物です。

4．スーパーマーケットとそば屋は，四角い建物です。

5．病院とガソリンスタンドの間にきっさ店があります。

6．スーパーマーケットのとなりに八百屋があります。

7．八百屋の前は本屋です。

8．きっさ店と薬屋の間には，病院があります。

9．郵便局の両どなりは，肉屋と花屋です。

10．きっさ店の前がスーパーマーケットです。

〔わたしたちのお店やさん〕

11．八百屋のとなりに花屋があります。

12．そば屋のとなりにおもちゃ屋があります。

13．おもちゃ屋の前がつり具屋です。

14．肉屋の前に魚屋があります。

15．郵便局のとなりに肉屋があります。

16．肉屋は，お店のならびのはじにあります。

17．八百屋は，まん中にあります。

18．きっさ店とつり具屋の間にガソリンスタンドがあります。

19．スーパーマーケットの右側にそば屋，おもちゃ屋とならんでいます。

20．横断歩道の前には，花屋があります。

わたしたちのお店やさん
―― 白 地 図 ――

　年　　組　グループ名

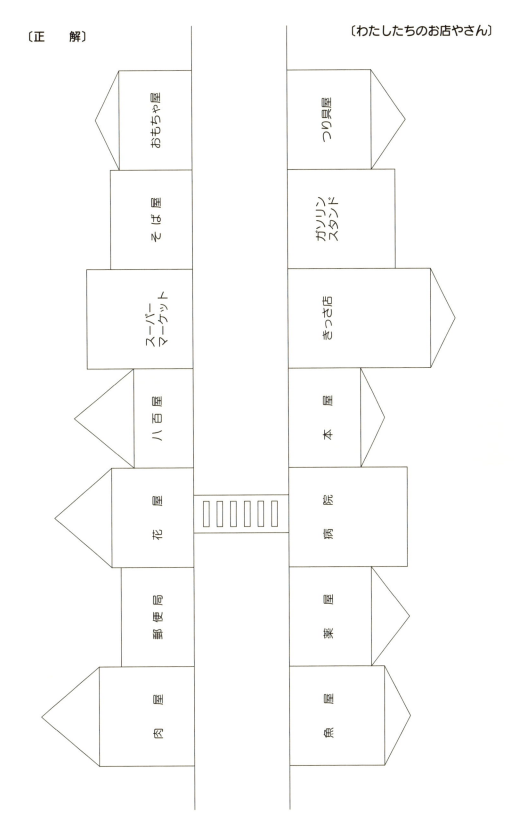

ふりかえりシートA　　　　〔わたしたちのお店やさん〕

　　年　　月　　日　　年　　組　　グループ名　　　　　　名前

今のグループのようすを思い出してみましょう。

1．次の質問にあてはまる人はだれですか。グループの人の名前を書きましょう。
　　自分だと思うときは，自分の名前を書きましょう。

	質　問	名　前
1	お店の名前を書いた人は，だれですか？	
2	たくさん意見を出した人は，だれですか？	
3	いい考えを出した人は，だれですか？	
4	みんなの意見をまとめようとしたのは，だれですか？	
5	友だちの考えにさんせいした人は，だれですか？	

2．「わたしたちのお店やさん」をして，ほかによかったことや気がついたことを書きましょう。

ふりかえりシートB

〔わたしたちのお店やさん〕

年　月　日　　年　組　　グループ名　　　　　名前

今のグループのようすを思い出してみましょう。

1. 「わたしたちのお店やさん」をする中で，だれのどんな話や行動がグループの協力の助けになりましたか。次の □ にグループの人の名前を書きましょう。そして，話したことやしたことを書きましょう。

だれ		話したことやしたこと
自　分	が	
	が	
	が	
	が	
	が	
	が	

2. 「わたしたちのお店やさん」をして，ほかによかったことや気がついたことを書きましょう。

〔小・高学年～〕

4．先生ばかりが住んでいるマンション

〔ねらい〕
1. 自分がもっている情報を正確に伝え，そして，正しく聴くことの重要性に気づく。
2. 情報を集めてまとめるときに，協力の大切さについて学ぶ。

〔準備するもの〕
1. 筆記用具　　　　　　　　　　　各自
2. マンションの図　　　　　1グループ1枚
3. 情報カード　　　　　　1グループ1セット
4. ふりかえりシート　　　　　　　各自
5. 正解の図　　　　　　　　1グループ1枚

〔時間配分〕　45分
1. 準備・説明　　　　　　　　　　5分
2. 実　　施　　　　　　　　　　20分
3. 結果確認　　　　　　　　　　　1分
4. ふりかえり　　　　　　　　　15分
5. まとめ　　　　　　　　　　　　4分

〔すすめ方〕
1. 準備・説明
   ① 子どもたちを5～6人のグループに分け机を囲んですわるように指示する。
   ② 〈マンションの図〉を配り，課題を読みあげる。
   「先生ばかりが住んでいる3階建てのマンションがあります。どの部屋にどの先生が住んでいるのかを考えます。これから配るカードをもとに，みんなで話しあって，図に先生の名前を書き入れましょう」
   ③ 次のように説明をし〈情報カード〉を配る。
   「これから配るカードは，トランプのようにきってみんなに全部配ってください。カードに書かれていることは，自分の口で他の人に正しく伝えるようにしてください。他の人に見せたり，とりかえたりしてはいけません。また，他のグループの人とは話さないでください」（質問があったら受ける）。
2. 実　　施
   ① 「それでは始めましょう。時間は20分間です」
   ② 終了5分前になったら知らせる。
3. 結果確認
   　終了の合図をし，正解の図を配る。
4. ふりかえり
   ① 〈ふりかえりシート〉を配り記入させる。
   ② グループ内で，発表させる。
   「それぞれのグループで誰がどんなことをしたことが課題解決のために役に立ったか発表しあいましょう」
5. まとめ
   　〔ねらい〕にそってまとめる。

〔留意点〕
・〈ふりかえりシート〉は，記入する経験が少ないときにはAを使用する。互いの活動の様子について書くことに慣れていたらBを使用する。

---------- きりとり ----------

〔先生ばかりが住んでいるマンション〕

マンションの図　〈正　解〉

小森先生	宮尾先生	大竹先生		田原先生
松田先生	安村先生	南野先生	エレベーター	北野先生
近藤先生	中森先生	武田先生		渡辺先生

情報カード　〔先生ばかりが住んでいるマンション〕

1. 近藤先生は，1階のいちばんはじに住んでいる。

2. 中森先生の両どなりには，近藤先生，武田先生が住んでいる。

3. 大竹先生は，エレベーターの左どなりに住んでいる。

4. 小森先生，安村先生，武田先生の部屋は，ななめに一直線にならんでいる。

5. 南野先生と北野先生は，エレベーターをはさんで，となり同士である。

6. 田原先生と小森先生は，同じ階に住んでいる。

7. 北野先生の部屋は，渡辺先生と田原先生の部屋に上下ではさまれている。

8. 松田先生の右ななめ上に，宮尾先生が住んでいる。

9. 中森先生の1つ上に安村先生が住んでいる。

10. 宮尾先生と大竹先生は，となり同士である。

11. 南野先生は，松田先生の2つ右に住んでいる。

12. 小森先生と松田先生と近藤先生は，同じ列に住んでいる。

13. 松田先生は，エレベーターからいちばんはなれた所に住んでいる。

14. 田原先生は，近藤先生の部屋からいちばんはなれた部屋に住んでいる。

先生ばかりが住んでいるマンション

年　組　グループ名
_____

エレベーター			

 〔先生ばかりが住んでいるマンション〕

年　月　日　　年　組　　グループ名　　　　　名前

今のグループのようすを思い出してみましょう。

1．次の質問にあてはまる人はだれですか。グループの人の名前を書きましょう。
　　自分だと思うときは，自分の名前を書きましょう。

	質　問	名　前
1	先生の名前を書いた人は，だれですか？	
2	たくさん意見を出した人は，だれですか？	
3	いい考えを出した人は，だれですか？	
4	みんなの意見をまとめようとしたのは，だれですか？	
5	友だちの考えにさんせいした人は，だれですか？	

2．「先生ばかりが住んでいるマンション」をして，ほかによかったことや気がついたことを書きましょう。

 〔先生ばかりが住んでいるマンション〕

　　　年　月　日　年　組　　グループ名　　　　　名前

今のグループのようすを思い出してみましょう。

1．「先生ばかりが住んでいるマンション」をする中で，だれのどんな話や行動がグループの協力の助けになりましたか。次の□□□にグループの人の名前を書きましょう。そして，話したことやしたことを書きましょう。

だれ		話したことやしたこと
自　分	が	
	が	
	が	
	が	
	が	
	が	

2．「先生ばかりが住んでいるマンション」をして，ほかによかったことや気がついたことを書きましょう。

5．ぼくらの先生

〔小・高学年～〕

〔ねらい〕
1．情報を正確に伝え，聴くことの重要性に気づく。
2．情報を集めたりまとめたりするときに，協力が大切であることを学ぶ。
3．グループ内のコミュニケーションを深める。

〔準備するもの〕
1．指示書　　　　　　　1グループ1枚
2．メモ用紙　　　　　　1グループ1枚
3．情報シート　　　　　1グループ1セット
（グループの人数によって切り取る線が変わる）
4．筆記用具　　　　　　　　　　各自
5．ふりかえりシート　　　　　　各自

〔時間配分〕　45分
1．準備・説明　　　　　　　　　5分
2．実　施　　　　　　　　　　30分
3．結果確認　　　　　　　　　　1分
4．ふりかえり　　　　　　　　　5分
5．まとめ　　　　　　　　　　　4分

〔すすめ方〕
1．準備・説明
① 子どもたちを5～7人のグループに分け机を囲んですわるように指示する。
② 〈指示書〉〈メモ用紙〉を配り，〈指示書〉を読みあげる。
③ 次のように説明をし，〈情報シート〉を配る。
「これから配るシートは，裏返しにして1人に1枚ずつ配ってください。カードに書かれていることは，自分の言葉で他の人に正しく伝えるようにしてください。他の人に見せたり，とりかえたりしてはいけません。また，他のグループの人とも話さないでください」
（質問があったら受ける）

2．実　施
① 「それでは始めましょう。時間は30分間です」
② 終了5分前になったら知らせる。
3．結果確認
終了の合図をし，正解を伝える。
4．ふりかえり
〈ふりかえりシート〉を配り記入させる。
5．まとめ
〔ねらい〕にそってまとめる。

〔留意点〕
・ふりかえりの時間を長くとれるならば，グループ内で書いたことを発表させる。誰がどんなことをしたことが，課題解決のために役に立ったかを発表できるようにする。
・情報が多すぎて混乱するグループが出てくるので，そこからどのように解決にすすめたのかを観察しておくと，まとめのときに具体例をあげてコメントができる。
・欠席者が出たときのことを考えて，予備の情報シートも用意しておく。

〔ミニミニ実践例〕
・実施中とても夢中になって取り組み，情報と知恵を出しあい，課題の解答を見つけたときは，とても充実感を得ていた。
・このGWTはたとえ1人でも黙っていては課題を解くことはできないということに気づいていた。
・このGWTを実施して協力することの意味を体験的に知ることにより，その後のグループ活動が活発になった。

〔ぼくらの先生〕

指　示　書

　これからみなさんがすることは，先生に関する情報を組み合わせて，いくつかの課題を解決することです。

　課題解決に必要な情報は，あとで配られる〈情報シート〉に書いてあります。
　一人ひとりの〈情報シート〉には部分的な情報しか書いてありませんが，全員の情報を集めれば課題を解決することができます。課題についても〈情報シート〉に書いてあります。

〔ルール〕
1．自分がもっている情報シートは，他の人に見せてはいけません。
2．情報シートに書かれていることは，言葉でグループの人に正しく伝えるようにしてください。
3．グループに渡された紙にメモをすることは自由です。
4．時間は30分間です。

-------------------------------- きりとり --------------------------------

〔正　解〕

課題シートに含まれている課題	正　解
笠井先生のあだ名	悟　空
たまちゃんの教科	家庭科
北見先生の向かいの先生の名前	山中先生

〔課題達成のための情報〕

	教　科	趣　味	あだ名
山中先生	体　育	生け花	マドンナ
笠井先生	音　楽	油　絵	悟　空
北見先生	英　語	スキー	ト　シ
戸崎先生	家庭科	ジョギング	たまちゃん
長井先生	理　科	トランペット	ネ　コ

〔職員室の座席表〕

笠　井	北　見	戸　崎
長　井	山　中	

〔ぼくらの先生〕

情 報 シ ー ト

山中先生は，マドンナとよばれている。

職員室にいるのは，英語，体育，音楽，理科，家庭科の先生である。

生け花の好きな先生の左隣りは，長井先生である。

あなたたちの課題の一つは，笠井先生のあだ名を調べることである。

トシは，戸崎先生の右隣りにすわっている。

長井先生のあだ名は，ネコである。

音楽の先生の向かい側には，トランペットの好きな先生がいる。

笠井先生は，油絵が趣味である。

ジョギングが趣味なのは，戸崎先生である。

スキーの好きな先生は，英語を教えている。

音楽の先生は，油絵が趣味である。

ネコと悟空は，向かい合っている。

英語の先生は，トシとよばれている。

笠井先生の左隣りは，スキーの好きな先生である。

山中先生は，体育の先生である。

先生達の座席は，次のようになっている。

ジョギングの好きな先生の右斜め前にマドンナがいる。

スキーの好きな先生は，北見先生だ。

理科の先生は，トランペットが好きである。

あなたたちの課題の一つは，たまちゃんの教科を調べることである。

マドンナの趣味は，生け花である。

英語の先生の左隣り，たまちゃんである。

体育の先生の左斜め向かいは，油絵の好きな先生である。

あなたたちの課題の一つは，北見先生の向かいの先生の名を調べることである。

※1グループ5名のときは，5の点線，6名のときは，6の太い実線，7名のときは，7の細い実線にそって切り，封筒に入れておく。

ふりかえりシート

〔ぼくらの先生〕

　　　　　年　月　日　　年　組　　グループ名　　　　　名前

1．あなたは活動中にどう感じましたか。

　①自分の考えをすすんで言うことができましたか。

　　　　言　え　た　|4ーーー3ーーー2ーーー1|　言えなかった

　②グループのみんなに考えを聴いてもらえましたか。

　　　　聴いてもらえた　|4ーーー3ーーー2ーーー1|　聴いてもらえなかった

　③グループのみんなの考えをよく聴くことができましたか。

　　　　聴　け　た　|4ーーー3ーーー2ーーー1|　聴けなかった

　④課題を解決するために努力をしましたか。

　　　　努 力 し た　|4ーーー3ーーー2ーーー1|　努力できなかった

2．グループについてどう感じましたか。

　①リラックスしている　|4ーーー3ーーー2ーーー1|　ギスギスしている

　②まとまっている　　　|4ーーー3ーーー2ーーー1|　バラバラである

　③積極的である　　　　|4ーーー3ーーー2ーーー1|　消極的である

3．だれ（自分を含めて）のどんな話や行動がグループの協力の助けになりましたか。

　　だれ：　　　　　　　話したことやしたこと：

4．「ぼくらの先生」をして，ほかによかったことや気がついたことを書きましょう。

11 力を合わせるGWT財

力を合わせる GWT とは

　私たちは，子どもたちに，「協力して……しなさい」という言葉をよく言うことがあります。この場合には，「力を合わせて」とか，「けんかをしないで」という意味に用いているように思われます。しかし，子どもたちに，協力してといったところで，子どもは，どのように協力したらよいのか，わからない場合が少なくありません。それは，協力して効率よく仕事を終えるために，どういうことが必要なのかを知らないからだと思われます。

　では，協力して，効率よく仕事を終えるためには，どういうことが必要でしょうか。必要であると考えられることを，次にあげます。

1) リーダーがいること　　──グループの組織化──

　リーダーなしには効率のよい仕事はできません。よく，「みんなこのことはよく知っているから，リーダーなんて決めないで，協力してどんどんやりましょう」などということがあります。しかし，効率的に仕事を終えるためには，全体を見て指図をする人が必要になります。

　ここで注意をしなければならないことがあります。それは，リーダーは，班長ではないということです。もちろん班長がすることも多いと思いますが，そのとき，その仕事について一番よく知っている人，全体を見られる人などがリーダーになり，指示を出すことになります。そのため，リーダーは，その時々によって変わることが必要になります。

2) 目標が全員にわかっていること　　──目標の明確化──

　グループの一人ひとりが，「なぜやるのか，どんなことをするのか」を知っていないと，グループの士気に影響します。つまり，自分の仕事は，全体からみて，どういう位置にあるのかを知ることによって，自分の仕事の意義を感じられるわけです。たとえば，この章の"人間コピー"で，最初にリーダーだけがコピーする絵を見に行き，作業の分担をするよりも，まず，全員が一瞬でもいいから，絵を見て来てから，作業を分担した方がいいわけです。

3) グループの全員で目標達成の方法・手順の決定をすること

　リーダーだけで手順・役割分担を決めてしまうと，独断的すぎるといって活動がうまくいかなくなることがあります。グループのメンバーのよい考えを生かすためにも，グループ全員の合意で決めたいものです。

4) 役割を分担すること　　──仕事の分業化──

　協力することのうちで一番大切になるのは，この役割分担です。仕事をどのように分けるのか，そして，分けた仕事を誰にさせるのかが，いかに早く仕事を終えるかにかかわってきます。"人間コピー"のとき，見る人と，描く人というように分

けるのではなく，画面を分割して，それぞれを分担した方が，早く確実にできるようです。

5) 誰が何をしているかなどを全員がよく知っていること ——情報の共有化——

リーダーが指示を出すからといって，リーダーだけがいろいろな情報を分かっていればよいというわけではありません。リーダーが知った情報は，できる限りメンバーに伝えるようにします。そうすることによって，メンバー同士も，お互いにしている仕事の関係を把握でき，サポートができるわけです。

また，この章の"図形を作ろう"では，自分はできたからいいやと思っていると，実はそのような組み合せ方をしていると，ほかの人が紙片をうまく組み合わせることができないということがあります。自分の仕事はしたからといって，遊んでいてはいけないわけです。お互いに，人が作った図形をもう一度見直してみることが大切になります。

6) お互いにサポートをしあうこと ——相互依存——

役割分担された仕事は，自分で責任を持って遂行しなければいけません。けれども，その分担が必ずしもうまくいかない場合があります。そのとき，メンバーは，お互いにサポートやカバーリングをする必要があるわけです。

こんなときに	GWT財	内　容	気づき
◎どうも仲良くグループ活動ができないわ。 ◎どうも協力するときの手際が悪いなあ。	絵まわしドン！ 〔小・低学年～〕	○「絵まわしドン」と言いながら，絵の断片を取り替え，グループのメンバーの一人ひとりの絵を完成させる。	・グループの課題達成に向けて，一人ひとりがどう行動したらいいかを考える。
	パズルしましょう 〔小・中学年～〕	○カレンダーなどの絵がバラバラになっている。それをグループで協力して，早く元のように戻す。	・グループ活動をスムーズにさせるためには，それぞれの役割を意識することが大切であることに気づく。
	図形をつくろう 〔小・中学年～〕	○正三角形をバラバラに切ったものを組み合わせることにより，正六角形を全員でつくる。	・チームの目的達成のためにメンバーがお互いに力を合わせることの意味，大切さ，むずかしさを学ぶ。
	人間コピー 〔小・中学年～〕	○はなれたところにある絵を見てきて，そのとおりに絵を写す。	・グループの課題達成に向けて，一人ひとりがどう行動したらいいかを考える。
	ぼくらの編集室 〔小・高学年～〕	○ある言葉を，新聞から文字を拾い出し，切り貼りして言葉や文章をつくる。	・実際の作業をとおして，リーダーおよびメンバーが，それぞれの役割を意識し，どのように協力していくか学ぶ。

〔小・低学年～〕

1．絵まわしドン！

〔ねらい〕
　グループの課題達成に向けて、一人ひとりがどう行動したらいいかを考える。

〔準備するもの〕
1．協力ゲームカード　　各グループ1セット
2．ふりかえりシート　　　　　　1人1枚

〔時間配分〕　　25分
1．準備・説明　　　　　　　　　　10分
2．実施　　　　　　　　　　　　　5分
3．ふりかえりシート記入　　　　　5分
4．ふりかえり・まとめ　　　　　　5分

〔すすめ方〕
1．準備・説明
　① グループ（4～5人）に分け、机を囲んですわらせる。
　② 〈協力ゲームカード〉を配る。
　③ 次のように説明をする。
　「袋の中には、絵の描かれたカードが、ばらばらに切られて入っています。組み合わせると、グループで4種類〈5種類〉の絵ができあがります。グループで、早く仕上げます」
　「ルールを説明します。自分のいらないカードを、グループみんなで『絵まわしドン！』と言いながら、右側の人に1枚ずつまわしていきます。絵はお互いに見てのいいのですが、『それをください』『何を集めるの』などと話してはいけません。絵を完成させた人は抜けて、残りの人たちで続けます」
　「1人がカードを裏にしたままよくきって、トランプのように配ってください」
　「カードを表にして机の上に並べましょう。最初から絵ができあがってしまっている人はいませんか。いたら、もう一度きって配りなおしてください」
　（質問があったら受ける）
2．実　施
　① 「では、始めましょう」
　② 5分後に、終了を知らせる。
3．〈ふりかえりシート〉記入
4．ふりかえり・まとめ
　それぞれのグループのよいところ、一人ひとりのよいところに焦点を当てて進める。
　子どもたち同士で気づかなかった場合は、〔ねらい〕と関連づけて教師が紹介する。

〔留意点〕
・先に終了した児童には、他の人のカードにさわらず、見て応援するようにさせる。
・児童の実態に合わせ、〈ふりかえりシート〉を使わずにふりかえりを行なってもよい。
・絵が3種類あるので、ふりかえりを生かして他の絵でもう一度実施してもよい。
・正解がわかりにくい絵（かお編など）は、正解を印刷してグループに配ったり、拡大して掲示してもよい。

〔ミニミニ実践例〕
・ふりかえりをした後、その場で別の絵の協力ゲームカードで実践したら、気づきが生かされているグループがあった。
・子どもたちから次のような感想が出た。
「パズルみたいでおもしろかった」
「楽しかった」
「また、やってみたい」
「みんなで協力してやれば早くできたと思う」
「みんなで力を合わせてやった気がした」

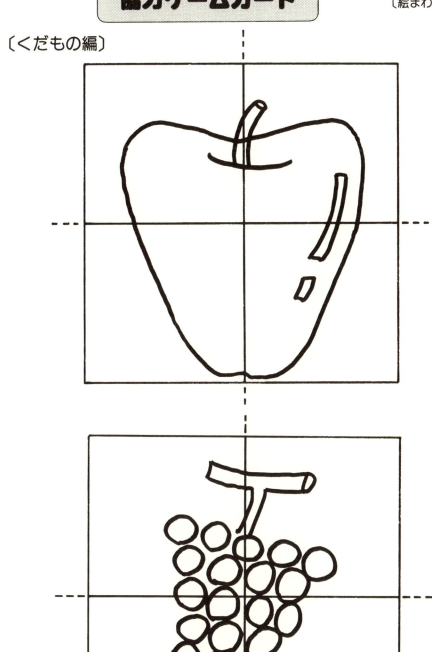

〔絵まわしドン！〕

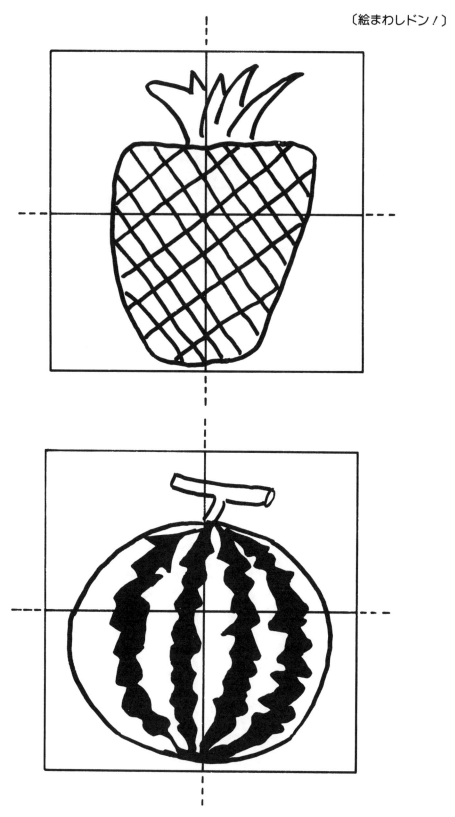

- 44 -

〔絵まわしドン！〕

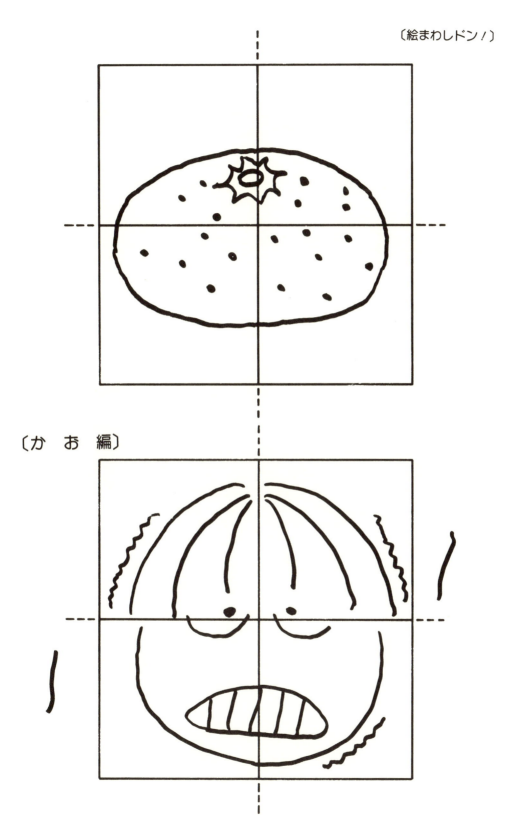

〔かお編〕

〔絵まわしドン！〕

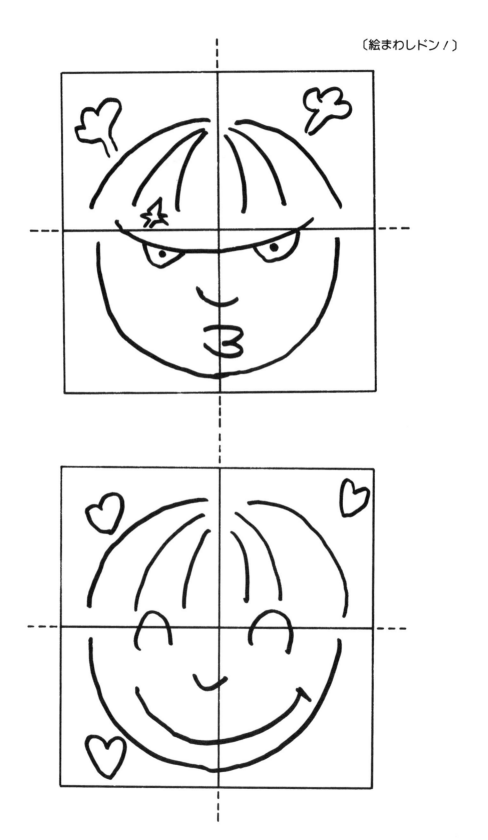

〔絵まわしドン！〕

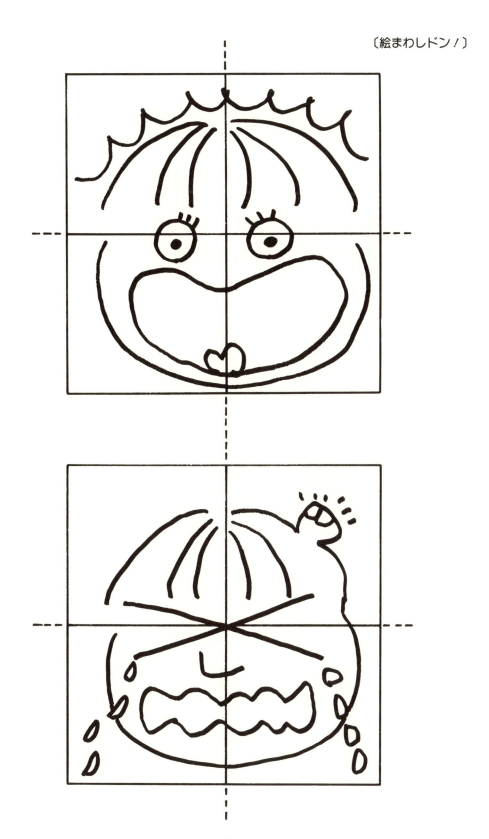

〔季節編〕　　　　　　　　　　　〔絵まわしドン！〕

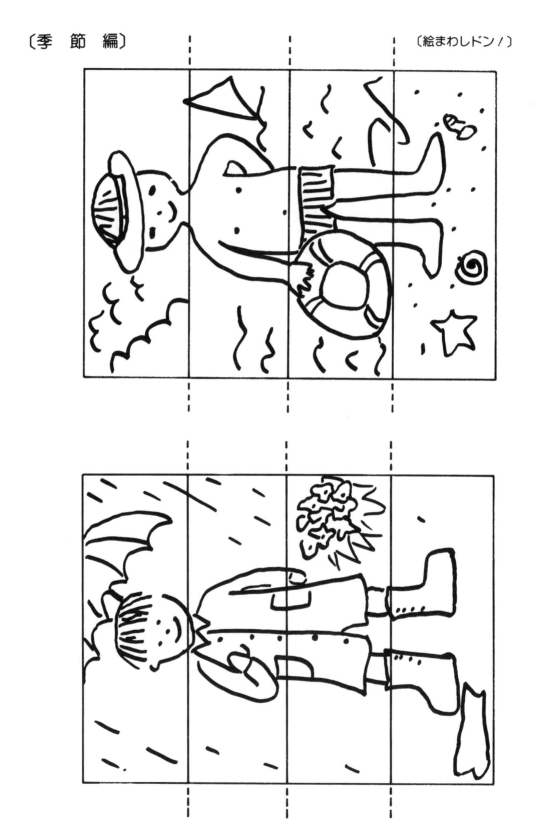

- 48 -

〔絵まわしドン！〕

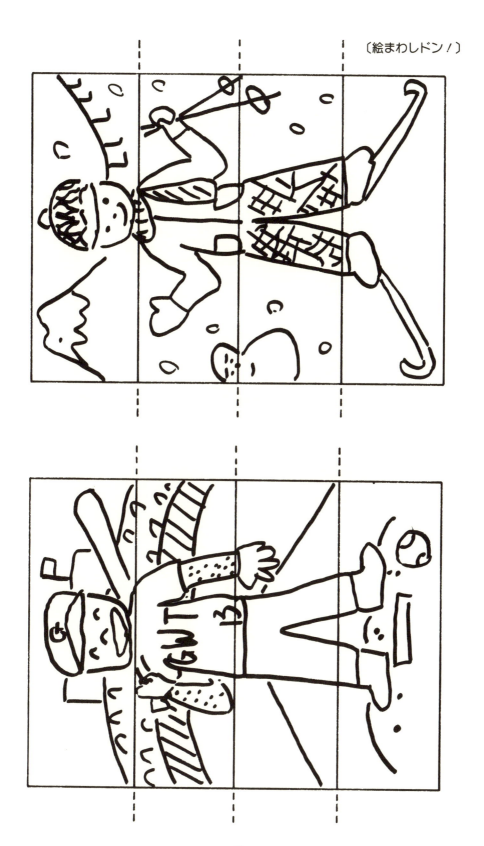

〔絵まわしドン！〕

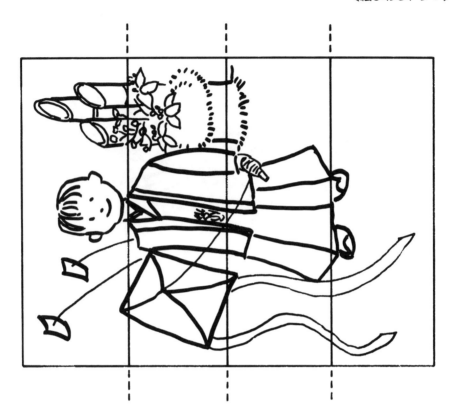

〔絵まわしドン！〕

ふりかえりシート

年　月　日　　年　組　　グループ名　　　　名前

今のグループのようすを思い出してみましょう。

1．楽しかったですか。

　　　　①とても　　　　②まあまあ　　　　③あまり　　　　　④ぜんぜん
　　　　　楽しかった　　　楽しかった　　　　楽しくなかった　　楽しくなかった

2．だれが何のカードを集めているか，わかりましたか。

　　　　①よく　　　　　②だいたい　　　　③あまり　　　　　④ぜんぜん
　　　　　わかった　　　　わかった　　　　　わからなかった　　わからなかった

3．友だちの絵ができるように，考えてカードをわたしましたか。

　　　　①よく　　　　　②少し　　　　　　③あまり　　　　　④ぜんぜん
　　　　　考えた　　　　　考えた　　　　　　考えなかった　　　考えなかった

4．「絵まわしドン！」をして，よかったことや気がついたことを書きましょう。

〔小・中学年～〕

2．パズルしましょう

〔ねらい〕
　グループ活動をスムーズにさせるためには，それぞれの役割を意識することが大切であることに気づく。

〔準備するもの〕
1．パズル
　　カレンダーの写真などを，グループ数＋1枚を用意し（白ボール紙などで裏打ちするとよい），10ピースに切ってパズルにする。それぞれのパズルのピースが，各グループにわたるように封筒に入れる。
2．パズル用の台紙（切り方の書いてあるもの）
　　　　　　　　　　　　各グループ1枚
3．グループへの指示書　　各グループ1枚
4．ふりかえりシート　　　各自1枚

〔時間配分〕　45分
1．準備・説明　　　　　　　5分
2．実　施　　　　　　　　15分
3．ふりかえり　　　　　　15分
4．まとめ　　　　　　　　10分

〔すすめ方〕
1．準備・説明
　①　グループ（5～6人）に分け，机を囲んですわらせる。
　②　〈グループへの指示書〉を配り，説明する。
2．実　施
　①　「はじめてください」の教師の言葉で，各グループはいっせいに開始する。
　②　すべてのグループが終わるまで待つ。
　③　終了の合図をする。
3．ふりかえり
　〈ふりかえりシート〉を配り，記入させる。〈ふりかえりシート〉に書いたことを中心にグループで話しあいをさせる。
4．まとめ
　この財の〔ねらい〕に関連づけてまとめる。

〔留意点〕
・〈グループへの指示書〉〔ルール4〕を徹底させると，子どもたちみんなが楽しめる。そうでないと，他のグループのじゃまをする子が出てくる。
・年齢に応じて，パズルを変えていくと，いろいろな学年で応用できる。
・パズルの切り方が書かれた実物大の台紙をなくすと難度が上がる。
　　　　中級＝台紙なし

〔ミニミニ実践例〕
・子どもたちから次のような感想が出た。
「楽しかったし，真剣になれてよかった」
「もう一度やりたい。でも，他のグループと同じものを集めて，できそこなったら『やだなあ』と思う」
「自分のグループのパズルじゃないのに，くれないで，わざといじわるされたことがあった。だけど，なかよくやれたものもあるので，よかった」

パズルの作り方
① 掲示用カレンダーの写真などを，グループ数＋1枚用意する（それぞれ異なる写真や絵がよい）。
② それぞれを図のように，10ピースほどに切りわける。

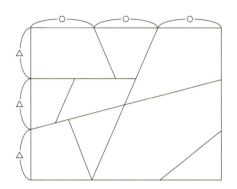

パズルの封筒への入れ方
　同じ種類のパズルのピースが，各グループに同じ条件で入るようにする。

グループへの指示書　　　〔パズルしましょう〕

　なん枚かの絵が，バラバラになってしまいました。絵のたりない部分を集めて，あなたたちのグループで，1枚の絵をつくってください。

〔ルール　1〕だれでも，他のグループや場所に，絵のパズルを取りに行くことができます。

〔ルール　2〕グループの机には，必ずだれか1人残ります。

〔ルール　3〕ほかの場所にパズルを取りに行ったら，そこにいる人に「もらっていいですか」とたずねて，「いいです」と言われてからもらいます。

〔ルール　4〕クラス全体が早く終わったほうがいいので，ほかのグループのじゃまはしません。

〔ルール　5〕時間は，15分間です。

　　　　　　　　　　　　　　　〔パズルしましょう〕

年　月　日　　年　組　　グループ名　　　　　　名前

今のグループの様子を思い出して書きましょう。

1．次の質問にあたる人はだれですか。思いあたる人の名前を全部書きましょう。
　　自分があてはまるときは，自分の名前を書きます。
　　あてはまる人がいない場合は，書かなくてもかまいません。

番号	質　問	名　前
1	よくパズルを取りに行った人は，だれですか。	
2	よく机に残っていた人は，だれですか。	
3	いい考えを出した人は，だれですか？	
4	みんなの意見をまとめようとしたのは，だれですか？	
5	友だちの考えに賛成したのは，だれですか。 （いい考えだね，そうしよう　など）	

2．「パズルしましょう」をして，他によかったことや気がついたことを書きましょう。

〔小・中学年～〕

3．図形をつくろう

〔ねらい〕
　チームの課題達成のために，メンバーがお互いに力を合わせることの意味や大切さ，むずかしさを学ぶ。

〔準備するもの〕
1．図形カード　　　　　　各グループ1組分
　（色画用紙にコピーして作る。線のところをカッターナイフで切る。同じ色の色画用紙で作り，封筒に入れてわたす。この冊子に載っているものより，少し大きめに作ると扱いやすい。6人グループの場合は，5つの三角形の中の1つを選んでもう1つ作り三角形が6つできるようにする）
2．ふりかえりシート　　　　　　各自1枚
3．リーダーへの指示書　　　　各グループ1枚
4．正　解　　　　　　　　　　各グループ1枚

〔時間配分〕　45分
1．準備・説明　　　　　　　　　　　5分
2．実　施　　　　　　　　　　　　25分
3．結果発表　　　　　　　　　　　　1分
4．ふりかえり　　　　　　　　　　10分
5．まとめ　　　　　　　　　　　　　4分

〔すすめ方〕
1．準備・説明
　①　グループ（5～7人）に分け，机を囲んですわらせる。
　②　グループごとにリーダーを決めさせ，リーダー以外に〈図形カード〉を配る。
　③　次のように説明する。
　　「これから，ある図形を作ってもらいます。どんなふうに作るかは，リーダーから説明があります。その指示は，あとでリーダーに伝えます」
　　「グループ内の話しあいは自由ですが，他のグループの人と話しあってはいけません」
　　「メンバーは，わからないことがあったら，リーダーに質問することができます。では，始めます。リーダーは前に出て，〈指示書〉を見てください」

2．実　施
　　リーダーに〈指示書〉を見せ，質問があったら受ける。
3．結果発表
　　グループでどんな図形ができるか，正解を見せる。
4．ふりかえり
　①〈ふりかえりシート〉を配り，記入させる。
　②〈ふりかえりシート〉に書いたことを中心にグループで話しあわせる。
5．まとめ
　　この財の〔ねらい〕と関連づけてまとめる。

〔留意点〕
・5人グループの場合は台形，6人グループの場合は正六角形，4人の場合は正三角形である。

・一人ひとりが作った三角形を組み合わせて，大きな形を作ることによって，グループでできたという達成感を味わえるようにしたい。
・三角形をグループで1つずつ作っていく場合や，1人が1つを作っていく場合はよいが，1人で全部の三角形を作ってしまう子がいるので注意したい。

※難度を高くするには，
1．余分のカードを入れる。
2．三角形を作るときに，いろいろな色で作り，封筒に入れるときに組み合わせる。

〔ミニミニ実践例〕
・リーダーになった子が，どんどんリードしていくグループと，グループのメンバーにうながされて，やっと質問に来るリーダーと，リーダーによって，作業のすすみ方に違いがあった。
・メンバーがお互いに，力を合わせることの大切さに気づき，リーダーからの指示を正確に聞きとろうとしていた。

・図形が出来上がることによって，達成感を得ていた。
・子どもたちから次のような感想が出た。
「班の人と協力できて，おもしろかった」
「みんなで協力するとうまくいくと思った」
「リーダーは，先生の話をよく聞くことが大切だと思った」

〔図形をつくろう〕

リーダーへの指示書

あなたが，グループの人にここに書いてあることを口頭で伝えてください。

1．封筒の中のカードを出して，トランプを配るようにグループのメンバーに配ります。

2．一人ひとりが3枚以上のカードを組み合わせて，正三角形をつくります。
　他の人からカードをもらったり，交換したりしてもかまいません。

3．それぞれの正三角形を組み合わせて，グループで1つの大きな形をつくります。
　　　6人の場合……正六角形
　　　5人の場合……台形
　　　4人の場合……正三角形

4．リーダーは，決してメンバーの作業に手を出してはいけません。

5．完成したら，リーダーが先生に報告します。

6．質問があるときは，リーダーが先生に質問できます。

7．時間は，あなたがこの〈指示書〉を読みはじめたときから25分間です。

図形カード

〔図形をつくろう〕

〔図形をつくろう〕

難度を高くするための余分のカード

ふりかえりシート　　　　　　　　　　　　　　　　　　〔図形をつくろう〕

　　　年　　月　　日　　年　　組　　グループ名　　　　　名前

　　今のグループの様子を思い出して，○をつけましょう。

1．楽しかったですか。
　　　①とても　　　②まあまあ　　　③あまり　　　　④ぜんぜん
　　　楽しかった　楽しかった　　楽しくなかった　楽しくなかった

2．だれがどのくらいできているか，わかりましたか。
　　　①よく　　　②だいたい　　③あまり　　　　④ぜんぜん
　　　わかった　　わかった　　わからなかった　わからなかった

3．みんなの正三角形ができるように，考えてカードをやりとりしましたか。
　　　①よく　　　②少し　　③あまり　　　　④ぜんぜん
　　　考えた　　　考えた　　考えなかった　　考えなかった

4．グループで一つの大きな形ができるように，考えましたか。
　　　①よく　　　②少し　　③あまり　　　　④ぜんぜん
　　　考えた　　　考えた　　考えなかった　　考えなかった

5．「図形をつくろう」をして，よかったことや気がついたことを書きましょう。

4.人間コピー

〔小・中学年～〕

〔ねらい〕
　グループの課題達成に向けて，一人ひとりがどう行動したらいいかを考える。

〔準備するもの〕
1．B4のもと絵を数枚　　　3グループに1枚
　　　　　　　　　　　（教室の外に貼っておく）
2．八ッ切画用紙　　　　　各グループ1枚
3．鉛　　筆　　　　　　　各自1本
4．ふりかえりシート　　　各自1枚

〔時間配分〕　　45分
1．準備・説明　　　　　　　　2分
2．実　　施　　　　　　　　 20分
3．結果確認　　　　　　　　　3分
4．ふりかえり　　　　　　　 15分
5．ま と め　　　　　　　　　5分

〔すすめ方〕
1．準備・説明
　① グループ（4～6人）に分け，机を囲んですわらせる。
　② 画用紙を配り，各自に鉛筆を用意させる。
　③ 次のように説明をする。
　　「今日は，みんながコピー機になってやるゲームです。教室の外に絵が貼ってあります。その絵を見てきて，わたされた画用紙に，そっくり同じように描いてください」
　　「見に行くときの注意が3つあります。
　　　ア．何度見に行ってもかまいません。
　　　イ．1回に見に行く人は，班で1人です。
　　　ウ．見に行くときに，何かを持って行ってはいけません」
　　「時間は20分間です」
　　（質問があったら受ける）
2．実　　施
　① 「では，始めましょう」
　② 終了5分前になったら知らせる。

3．結果確認
　　終了の合図をし，もとの絵を見せる。
4．ふりかえり
　① 〈ふりかえりシート〉を配り，話をせずに記入させる。
　② グループ内で，書いたことを順に発表する。
　③ 互いに気づいたことを話しあう。
5．まとめ
　　それぞれのグループのよいところ，一人ひとりのよいところに焦点を当てて進める。
　　子どもたち同士で気づかなかった場合は，〔ねらい〕と関連づけて教師が紹介する。

〔留意点〕
・GWTに慣れていない場合はA，慣れている場合はBの〈ふりかえりシート〉を使用するとよい。Aにメンバーの名前を書くときには，できるだけ理由を書くよう声をかける。
・絵のできあがりの正確さを競うよりも，それぞれの子どもが十分に活動できたかを，ふりかえりの視点にしたい。
・絵を替えて何回かやると，ねらいがさらに定着すると思われる。
・絵を簡単にすると，低学年でも実施可能。

〔ミニミニ実践例〕
・みんなで協力して，頑張りたいという意欲が強くなった。
・絵ができあがらなくても，メンバーが一緒に頑張れたという実感がもてたので，またやりたいと考えるグループがあった。

〔人間コピー〕

もとの絵〔海中〕

〔人間コピー〕

もとの絵〔風景〕

〔人間コピー〕

年　月　日　　　年　　組　　グループ名　　　　　　　　名前

今のグループのようすを思い出して書きましょう。

1．次の質問にあたる人はだれですか。思いあたる人の名前を全部書きましょう。
　自分があてはまるときは，自分の名前を書きます。
　あてはまる人がいない場合は，書かなくてもかまいません。

	質　　問	名　　前
1	よく絵を見に行った人は，だれですか。	
2	よく絵を描いた人は，だれですか。	
3	いい考えを出した人は，だれですか？	
4	みんなの意見をまとめようとしたのは，だれですか？	
5	友だちの考えに賛成したのは，だれですか。（いい考えだね，そうしよう　など）	

2．「人間コピー」をして，他によかったことや気がついたことを書きましょう。

ふりかえりシートB

〔人間コピー〕

年　月　日　　年　組　　グループ名　　　　　　　名前

今のグループの様子を思い出してみましょう。

1. グループの友だちは、「人間コピー」を完成させるために、いろいろな協力をしました。
   友だちがしてくれたことや、うれしかったことを、思い出して書きましょう。

だれ		してくれたこと，うれしかったこと
自　分	が	
	が	
	が	
	が	
	が	
	が	

2. 「人間コピー」をして、他によかったことや気がついたことを書きましょう。

〔小・高学年〜〕

5．ぼくらの編集室

〔ねらい〕
1．よりよいリーダーシップを学ぶ。
　① リーダーは，グループの目標を明らかにし，的確にメンバーに伝えることの大切さを知る。
　② リーダーは課題達成の作業手順を検討・整理する。
　③ リーダーは，メンバーの動きを観察しながら，助言や励ましを行ない，役割分担が適切でないときは，修正を加えることの大切さを知る。
2．よりよいメンバーシップを学ぶ。
　メンバーは，お互いの動きを観察するなかで，自分の役割に気づき，それを積極的に実行していくことの大切さを知る。

〔準備するもの〕
1．リーダーへの指示書　　　各グループ１枚
2．課題シート　　　　　　　各グループ１枚
3．ふりかえりシート　　　　各自１枚
4．観察シート　　　　　　　教師用１枚
5．新聞紙　　　　　　各グループ朝刊１日分
6．の　り　　　　　　　　　各グループ１本
7．は さ み　　　　　　　各グループ２〜３本
8．画用紙　　　　　　　　　各グループ１枚

〔時間配分〕　約50分
1．準備・説明　　　　　　　　　　　５分
2．実　施　　　　　　　　　　　　20分
3．ふりかえり　　　　　　　　　　15分
4．まとめ　　　　　　　　　　　　10分

〔すすめ方〕
1．準備・説明
　① グループ（５〜７人）に分け，机を囲んですわらせる。
　② グループから１人，新聞紙，のり，はさみ，画用紙を取りに来させる。
　③ さらに各グループから１名選び，出てこさせる。
　④ ③で出てきたメンバーをリーダーとする。そのリーダーに〈リーダーへの指示書〉と〈課題シート〉をわたし，それぞれの活動にはいるように指示する。
2．実　施
　① リーダーの指示により，各グループはそれぞれの活動を始める。
　② 教師は，グループの間を見てまわりながら，グループやメンバーの動き，特に気づいた発言などもメモしておくとよい。
3．ふりかえり
　① 〈ふりかえりシート〉を配り，記入させる。
　② 個人の〈ふりかえりシート〉をもとに，グループで討議させる。
4．まとめ
　この財の〔ねらい〕に関連づけてまとめる。

〔留意点〕
・〈課題シート〉の「地平線の彼方から」は，20分ではなかなか完成しない場合が多いので，短い文でやってみてもよい。また，実施を２回に分けて，１回目をウォーミングアップとし，「入学おめでとう」などの短い文で試みて，そのやり方を各グループで発表しあい，その反省をふまえて，２回目の本番で，少し長目の文章に挑戦してみてもよい。
・文章でなくても，メンバーの名前などでやってみるのもおもしろい。
・グループの構成メンバーによっては，自分のはたす役割もかわってくることにも気づかせたい。

〔ミニミニ実践例〕
・全員で１つの字をさがしていくグループ，行ごとに分担を決めてすすめていくグループ，字をさがす人，切る人，貼る人を分担するグループ，課題の文に縦横に線をひいてマトリックスをつくり，番号をふってすすめるグループなどさまざまである。
・短い作業時間の中で，より速く作業がすすむようにやり方をかえていくグループもある。しかし，多数のグループでは，なかなか役割分担がうまくできないのが現状のようである。

ふりかえりをしてみて，作業の見とおしを十分もってやることの大切さに気づく場合が多い。

課題シート 〔ぼくらの編集室〕

地平線の彼方から

地平線の彼方から
広がる銀河
冷たいきらめきの中に
生きる命

何億年もの時間をかけて
用意された私たちの出会い
さわやかな風　大地のぬくもり
君の燃える息づかい

喜び求めて力の限り
心震える私の思い
はるかな人生を
共に歩む　われら

リーダーへの指示書 〔ぼくらの編集室〕

これを読んでいるあなたが，グループのリーダーです。
この〈指示書〉の内容を，グループの人に口頭で伝えてください。

1．あなたたちの課題は，新聞に使われている文字を切り抜いて，〈課題シート〉の文章と，まったく同じ文章を画用紙にのりづけすることです。

2．よりきれいに，より早くつくることが大切です。

3．完成したら，リーダーが先生に報告します。

4．質問があるときは，リーダーが先生に質問できます。

5．時間は，リーダーがこの〈指示書〉を読みはじめたときから，20分間です。

ふりかえりシート

〔ぼくらの編集室〕

　　　年　月　日　　年　組　　グループ名　　　　　名前

今のグループの様子を思い出して書きましょう。

1．あなたのグループについて，どう思いましたか。
　① 協力できましたか。
　　　協　力　で　き　た　4　3　2　1　協力できなかった
　② 積極的にできましたか。
　　　で　　き　　た　　4　3　2　1　できなかった
　③ 一人ひとりが十分に活動しましたか。
　　　活　動　で　き　た　4　3　2　1　活動できなかった

2．次の質問にあたる人はだれですか。思いあたる人の名前を全部書きましょう。
　　自分があてはまるときは，自分の名前を書きます。
　　あてはまる人がいない場合は，書かなくてもかまいません。

番号	質　問	名　前
1	字をみつけた人は，だれですか。	
2	はさみで切りとった人は，だれですか。	
3	のりではった人は，だれですか。	
4	作業手順を明確にした人は，だれですか。	
5	役割分担を決定した人は，だれですか。	
6	作業をより早くするために，アイデアを出した人は，だれですか。	
7	作業のすすめ方に注意していて，適切なアドバイスをした人は，だれですか。	

3．「ぼくらの編集室」をして，他によかったことや気がついたことを書きましょう。

III 聴き方を学ぶGWT財

聴き方を学ぶGWTとは

あなたのクラスの子は，しっかり人の話をきいていますか

　「人の話をよく聞こう」「先生や友だちの話をきちんと聞きましょう」　こんな言葉を，学校ではよく呼びかけたり，くりかえし言いきかせたりしています。ところが，子どもたちは，とかく自分の意見を言うことに夢中で，ともすれば人の話はなかなか真剣に聞けないことが多いのです。

　また，話し手への先入観や好き嫌いによって，きき方がかわってきたり，人の話を自分なりの枠組みのなかで判断しながら聞いて，話し手が伝えようとすることとは違うように受けとってしまうこともあります。つまり，きき手の思いこみによって，話し手の伝えたいことを正確に受けとめていないということです。そのために，「私は，こうだと思っていたのに……」というような誤解が生じたり，あるいはケンカになってしまうこともあるのです。

　人の話を「聞く」だけではなく，集中して「聴く」ということは，人とかかわりをもっていく，集団の中で生活していくうえで基本となることです。人の話を聴くということは，その人がどんなことを感じ，どんなことを考え，どんなことを伝えたいかなど，その人を理解することにつながります。

人の話をしっかりきくために

　そこで，このGWT財では，次のようなことをねらいとしました。
① 話し手の伝えようとすることをまちがいなく受けとるためには，集中して聴くことが必要なことに気づかせる。
② よくわからないところ，不明確な個所があったら，ききかえしたり，質問するなどして，はっきりとわかるようにすることが大切だということに気づかせる。
③ 人の話を聴くとき，自分の思いこみによって，話し手の意図することが正確に伝わらないことがあるということに気づかせる。
④ その際，話し手によっても，いろいろな伝え方があるということに気づかせる。

　以上，4つの気づきによって，お互いに考えを正確に伝えあったり，受けとめあったりすることによって，共通理解を深めていけると思われます。

こんなときに	GWT財	内容	気づき
「人の話をじっくり聴かせたい」「集中して聴かないとまちがって受けとめてしまうことがある」ということに気づかせたいとき。	ぼくらは建築家〔小・高学年～〕	教師からの情報を聞いて、各自がある家の設計図を描く。その際、2回描くが、1回目はただ聞くだけで描き、2回目は不明確な部分は質問しながら描いていく。	① 人の話を集中して聴くことの大切さに気づく。 ② わからないところは、質問するなどして、はっきりわかるようにすることが大切だということに気づく。
「人の話を聴く時、自分の思いこみによって大きく左右されることがある」「自分の頭で考えているほど、相手にそのまま伝わるとはかぎらない」ということに気づかせたいとき。	ぼくらはジョーズ〔中学生～〕	教師からの情報を聞いて、全員がそれぞれある絵を描く。次にグループごとにリーダーの指示を聴いて、ある図形を描く。	① 自分の思いこみによって、話し手が言おうとしていることが正確に伝わらないことがあるということに気づく。 ② 聞きちがいによっても、話が正確に受けとれないことに気づく。 ③ 言葉だけで、相手にものを伝えるのはむずかしいことに気づく。

　"ぼくらは建築家""ぼくらはジョーズ"では、1回目に教師からの情報を聞いて、各自は設計図なり、絵なりを描きます。このときは間違えて描いてもよいのです。それを材料にして、なぜ正確に描けたか、あるいは描けなかったのかについて、よく話しあい、どうすれば情報を正確に聴きとれるかということを考えさせ、その上で2回目、あらたに設計図を描くことによって、人の話を正確に聴くということの大切さを実感したり、正確に描きあげたという成功感をもたせたりすることができます。

〔小・高学年～〕

1．ぼくらは建築家

〔ねらい〕
1．情報をまちがいなく受け取る大切さに気づく。
2．不明確な部分を明確にするためには，質問が大切であることに気づく。

〔準備するもの〕
1．課題1シート（1cm方眼紙）　　　各自
2．課題2シート（1cm方眼紙）　　　各自
3．筆記用具　　　　　　　　　　　　各自
4．定　　規　　　　　　　　　　　　各自
5．正解（課題1と2）　　模造紙大各1枚
6．ふりかえりシート　　　　　　　　各自

〔時間配分〕　45分
1．準備・説明　　　　　　　　　　　2分
2．実施（課題1）　　　　　　　　　 8分
3．答え合わせとふりかえり　　　　　5分
4．実施（課題2）　　　　　　　　　15分
5．答え合わせとふりかえり　　　　 13分
6．まとめ　　　　　　　　　　　　　2分

〔すすめ方〕

1．準備・説明
  ① 普段の学習のように指導者の話が聞ける机の向きにする。筆記用具と定規を出すように指示する。
  ② 〈課題1シート〉を配り，次のように説明する。
    「あなたがたは，有名な建築家です。これから話すことをよく聞いて，配られた用紙に設計図を描いてください。設計図は2枚です。描くときに質問はいっさいできません。また，人のを見たり話しかけたりしてもいけません」（必要に応じて設計図についての説明をし，質問があったら受ける）。
2．実　施（課題1）
  ① それでは1枚目を始めます。
  ② 〈言葉かけ1〉を読み，課題1をする。

3．答え合わせとふりかえり
  ① 正解を黒板に貼り確かめる。
  ② 指導者が質問をし，口頭で答える。
    「描いていていろいろ困ったことがあったと思いますが，どんなことが困りましたか」
    「困ったときに工夫したことがありましたか」
4．実　施（課題2）
  ① 〈課題2シート〉を配り，次のように説明する。
    「2枚目は別荘の設計図です。今度は質問ができます。でも，人のを見たり話しかけたりしてはいけません」（質問があったら受ける）。
    「それでは2枚目を始めます」
  ② 〈言葉かけ2〉を読み，課題2をする。
5．答え合わせとふりかえり
  ① 正解を黒板に貼り確かめる。
  ② 〈ふりかえりシート〉を配り記入させる。
6．まとめ
  〈ふりかえりシート〉をもとに発表させ，この財の〔ねらい〕と関連づけてまとめる。

〔ミニミニ実践例〕
（課題1のふりかえり）
・分からないことを質問したかった。
（課題2のふりかえり）
・他の人の質問も，自分のためになった。
・人の話をよく聞くことが大切だと思った。

〔ぼくらは建築家〕

言葉かけ１

1．この家には，４つの部屋があります。居間，台所，トイレ，風呂です。居間には押し入れがあります。居間から，描いていく設計図に，それぞれの名前を入れていってください。
（居間，台所，トイレ，風呂，押し入れと板書しておくとよい）
2．一辺が４cm の正方形を描きます。〈課題１シート〉に描いてある太い線を一辺にします。これが居間になります。
3．次に，その北側に台所を描きます。台所はたての長さが２cm，横の長さが３cm の長方形です。居間と台所のたての西の辺は，一直線になります。
4．台所の東に一辺が１cm の正方形を２つ，たてにならべて描いてください。北がトイレ，南が風呂です。
5．居間の西の辺から１cm 内側に，かべと平行に直線を引きます。これが押し入れです。
6．居間，台所，トイレ，風呂，押し入れの名前を書いたか確かめて完成です。

〔ぼくらは建築家〕

言葉かけ２

1．〈課題２シート〉に描いてある太い線を一辺とする横３cm，たて２cm の長方形を描いてください。これが玄関です。
2．玄関の東側に居間があります。最初に描いてあった線をさらに東へ４cm のばし，横の長さが４cm，たての長さが８cm の長方形を描いてください。
3．玄関の西側は，トイレになっています。玄関と南の辺をそろえて，横の長さが１cm，たての長さが２cm の長方形を描いてください。
4．トイレの西側に客室があります。トイレと南の辺をそろえて，横の長さが４cm，たての長さが３cm の長方形を描いてください。
5．客室の北側に風呂と洗面所があります。一辺が２cm の正方形を２つならべて描いてください。西側が風呂，東側が洗面所です。
6．風呂と洗面所の北側に台所があります。横の長さが４cm，たての長さが３cm の長方形を描いてください。
7．台所の東側は，食堂になっています。台所の東の線を一辺とするたての長さが３cm，横の長さが４cm の長方形を描いてください。
8．さて，設計図のまん中には，たての長さが３cm，横の長さが４cm の長方形が残ったでしょうか。ここはホールです。このホールには，２階へ上がる階段がついています。階段は，食堂と居間に接しています。たての長さが１cm，横の長さが３cm の長方形です。
9．階段に段を入れてください。これで完成です。

課題1シート

〔ぼくらは建築家〕

名前＿＿＿＿＿＿＿＿

話をよく聞いて，家の設計図を描きましょう。

ルール
・設計図を描くときに質問はできません。
・ほかの人のを見たり，話しかけたりしてはいけません。

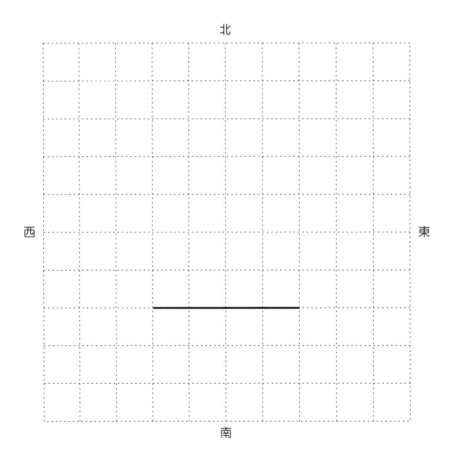

〔ぼくらは建築家〕

名前＿＿＿＿＿＿＿＿

話をよく聞いて，別荘の設計図を描きましょう。

ルール
・今度は質問ができます。
・ほかの人のを見たり，話しかけたりしてはいけません。

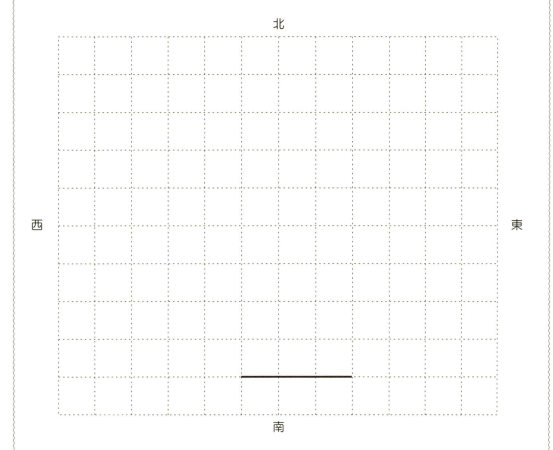

〔課題1　正解〕　　　　　　　　　　　　　　　　　　　　　　〔ぼくらは建築家〕

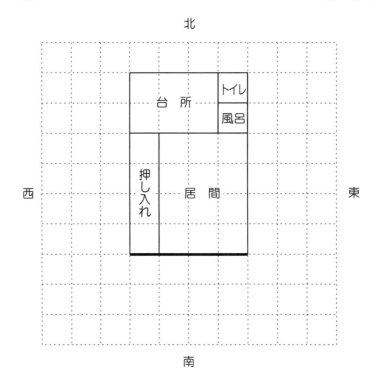

〔課題2　正解〕

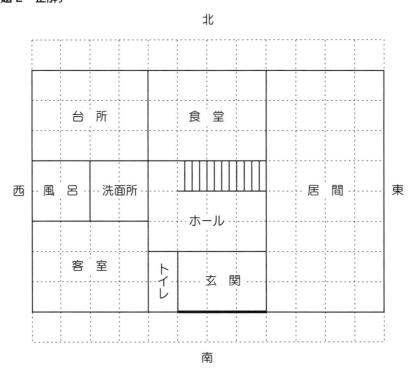

ふりかえりシート　　　　　　　　　　　　　　　　　　〔ぼくらは建築家〕

　　　　　　　　　　　年　　月　　日　　　年　　　組　　名前
　　　　　　　　　　―――――――――――――――――――――――――

　　今の自分の活動のようすを思い出してみましょう。

1．あなたはすすんで話を聞くことができましたか。
　　　①すすんで聞けた　　②聞けた　　③あまり聞けなかった　　④聞けなかった

2．分からないことや聞きもらしたことを確かめようとしましたか。
　　　①よく確かめた　　②確かめた　　③あまり確かめなかった　　④確かめなかった

3．これから話を聞くときに、どんなことに気をつけたらよいと思いますか。

4．「ぼくらは建築家」をして、ほかによかったことや気がついたことを書きましょう。

2．ぼくらはジョーズ（話し上手・聞き上手） 〔中学生〜〕

〔ねらい〕
　コミュニケーションを深めるためには，「自分の考えを相手に正確に伝え，相手と共通理解すること」が重要であることに気づき，そのなかでも，特に次の2点に気づく。
1．自分の頭で考えていることを言葉として表す場合，そのことが相手にそのまま正確に伝わっているとはかぎらない。
2．人の意見を聞くとき，その受け取る意味合いが，自分の思いこみによって左右されることがある。

〔準備するもの〕
1．B5大の用紙（両面を使う）　　　1人1枚
2．リーダーへの指示書（AまたはB）
　　　　　　　　　　　　　　　各グループ1枚
3．筆記用具　　　　　　　　　　　　各自
4．ふりかえりシート
　　（リーダー用またはメンバー用）　各自

〔時間配分〕　50分
1．準備・説明　　　　　　　　　　　2分
2．実施（課題1）　　　　　　　　　10分
3．実施（課題2）　　　　　　　　　15分
4．図形の確認　　　　　　　　　　　3分
5．ふりかえり　　　　　　　　　　　15分
6．まとめ　　　　　　　　　　　　　5分

〔すすめ方〕
1．準備・説明
　① 普段の学習のように指導者の話が聞ける机の向きにする。筆記用具を用意するように指示する。
　② B5大の用紙を配り説明する。
　　「今から2枚の絵を描きます。1枚目は私が言うとおりに描いてください。自分が思ったとおりに描き，人のを見てはいけません」
　　（質問があったら受ける）。

2．実施（課題1）
　① 次ページにある〈課題1〉のとおりに指示する。
　② 全員が描き終えたことを確認し，机をグループ（5〜7名）ごとにして自分の絵とグループの人の絵を見比べ，感じたことを話しあうように指示する。
　③ 何人かに感じたことを発表させることにより，自分の思いこみによる間違いや，聞き違いがあることに気づけるようにする（必要に応じてア〜ケの指示をもう一度伝える）。

3．実施（課題2）
　① グループのリーダーに〈リーダーへの指示書〉を配布する。このときに隣のグループが同じ図形にならないようにAとBの用紙が班で交互になるようにする。
　② メンバーに課題1の紙の裏を使うように指示する。
　③ リーダーに〈リーダーへの指示書〉の通りに実施するように伝える。また，ルールを守れているかどうかや，ねらいに迫るような言動などを見て回る。

4．図形の確認
　〈リーダーへの指示書〉の図形とメンバーが描いた図形を見比べるように指示する。

5．ふりかえり
　① 〈ふりかえりシート〉（リーダー用またはメンバー用）を配り記入させる。
　② 〈ふりかえりシート〉に記入したことを中心に，グループで話しあいをさせる。

6．まとめ
　感想や話しあったことを発表させ，この財の〔ねらい〕と関連づけてまとめる。

課題１シート

〔ぼくらはジョーズ〕

名前 _____

ア．紙を横向きに置きましょう。
イ．右上から左下に向かって，斜めに線を引いてください。その長さは，紙面の３分の１ぐらいにします。
ウ．その線の先に，星を描いてください。
エ．その星の下に少し離して，下が平らな半円を描いてください。
オ．その半円を島と考えて，そこに生えているヤシの木を描いてください。
カ．その左側に少し離して船を１そう描いてください。
キ．その船の上に三日月を描いてください。
ク．水平線を描いてください。
ケ．これで完成です。

〈例〉

課題2 リーダーへの指示書 A

〔ぼくらはジョーズ〕

　この指示書はリーダーしか見ることができません。
　リーダーの課題は，下の図を言葉だけでメンバーに伝え，メンバー全員が下の図と全く同じ図形を描けるようにすることです。ルールをメンバーに言葉で伝えてから始めます。

ルール
1．わたしが言うとおりに図形を描いてください。
2．メンバー同士が相談したり描いた図形を見せあったりしてはいけません。
3．リーダーはメンバーが描いている様子を見ることはできますが，メンバーからの質問にはいっさい答えられません。
4．時間は15分間です。

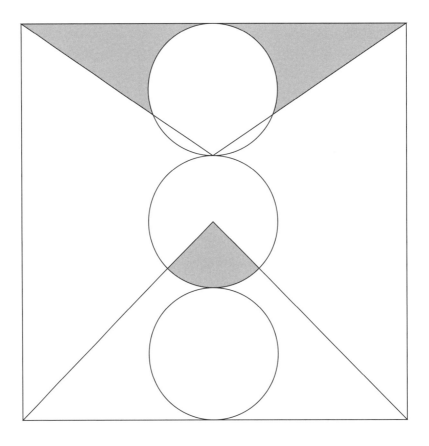

課題2 リーダーへの指示書　B

〔ぼくらはジョーズ〕

　この指示書はリーダーしか見ることができません。
　リーダーの課題は，下の図を言葉だけでメンバーに伝え，メンバー全員が下の図と全く同じ図形を描けるようにすることです。ルールをメンバーに言葉で伝えてから始めます。

ルール
1．わたしが言うとおりに図形を描いてください。
2．メンバー同士が相談したり描いた図形を見せあったりしてはいけません。
3．リーダーはメンバーが描いている様子を見ることはできますが，メンバーからの質問にはいっさい答えられません。
4．時間は15分間です。

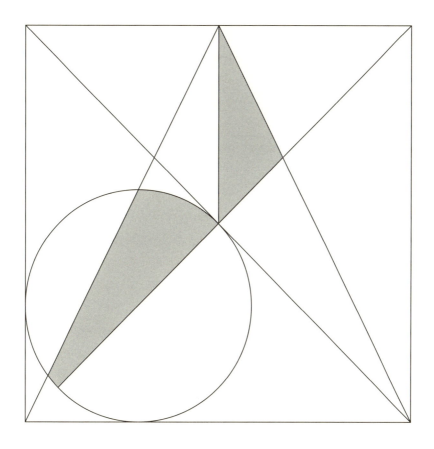

ふりかえりシート（リーダー用）　　　　　　　　　〔ぼくらはジョーズ〕

　　　　年　　月　　日　　　年　　組　　グループ名　　　　　　名前
―――――――――――――――――――――――――――――――――――

　　　　今の自分の活動のようすを思い出してみましょう。

1．正確に伝えようとすることができましたか。
　　　①よくできた　　②できた　　③あまりできなかった　　④できなかった

2．伝えようと思ったことが，うまく伝わったと思いますか。
　　　①よく伝わった　　②伝わった　　③あまり伝わらなかった　　④伝わらなかった

3．メンバーは，あなたの話をよく聞こうとしてくれましたか。
　　　①よく聞いてくれた　②聞いてくれた　③あまり聞いてくれなかった　④聞いてくれなかった

4．この図形を伝えるために，どのような点がむずかしかったですか。

5．あなたからみて，メンバーの態度や聞き方をどのように感じましたか。

6．もう一度やるとしたら，どんなことに気をつけたらよいと思いますか。

7．「ぼくらはジョーズ」をして，ほかによかったことや気がついたことを書きましょう。

ふりかえりシート（メンバー用） 〔ぼくらはジョーズ〕

____年___月___日　　年　　組　　グループ名　　　　　　名前_____

　　　　今の自分の活動のようすを思い出してみましょう。

1．正確にかくことができましたか。
　　　①よくかけた　　　②まあまあかけた　　　③あまりかけなかった　　　④かけなかった

2．リーダーの説明の仕方は分かりやすかったですか。
　　　①とても分かりやすかった　②分かりやすかった　③少し分かりにくかった　④分かりにくかった

3．あなたは，リーダーの説明を理解しようと努力しましたか。
　　　①よく努力した　　②努力した　　③あまり努力しなかった　　④努力しなかった

4．この図形をかくのに，どのような点がむずかしかったですか。

5．あなたからみて，グループのリーダーのよかった点は，どんなところですか。

6．もう一度やるとしたら，どんなことに気をつけたらよいと思いますか。

7．「ぼくらはジョーズ」をして，ほかによかったことや気がついたことを書きましょう。

IV　コンセンサスの良さを学ぶ GWT財

集団決定という方法を知るGWTとは

　「みんなで決めたことなのに……」ときまりが守れなかったり，協力してやろうという催し物のはずなのに，準備を始めるとクラスのみんなが手伝わなかったり，決定したことにあとでブツブツ文句を言ったり，陰で不満をこぼすことなど，よくあることです。

　そんなとき，「だって，みんな納得したんじゃないの」などと言っても，わだかまりはなかなか消えません。決定するときに，本当に一人ひとりが納得したのでしょうか。お互いの主張を，理由を十分に理解しあえたのでしょうか。自分の考えを相手に理解してもらえるように，わかりやすく，すべてを伝えたでしょうか。多数決特有の少数切り捨てはなかったでしょうか。

　集団がある決定をするとき，多数決しか方法はないのでしょうか。「時間が限られているから，しかたがない」そうかもしれません。しかし，時間はかかっても，一人ひとりの勝手な思いこみや押しきり，がまんを少なくし，本質的理解と納得をめざす決定方法，それが「集団決定のGWT」です。

　このGWTは，多数決という方法によらず，コンセンサス（合意）という方法になじませることがねらいです。

なぜコンセンサスが大切か

　集団決定にコンセンサス consensus（合意＝互いに説得しあいながら，考えを練りあげる）がなぜ大切かというと，人はだれでも自分の考えを人に押しつけがちになり，無理やり自分の主張に納得させようとします。このような自己主張のやりあいでは，グループがグループとしてのまとまりを欠き，存続しにくくなります。また，いつもがまんをして強い意見に従っていたら，そのグループにいること自体いやになり，そういう人は抜けていきます。

　また，その時はそれなりに同じと思っていても，実は違う部分があり，なんとなく不満をもつようになることもあります。これは，しっかりした話し合い，納得がなかったからです。そこで，一人ひとりの人間はさまざまな意見，考え方の持ち主であることを知り，お互いに意見を存分に出しあい，相手との相違点をはっきりさせ，相手の意見を認め，そのうえでお互いに相手を説得しながら，練りあげ，一致点を見出していき，合意していくことが必要になるのです。そうすれば，きっと今までのような，後から不満が出たり，くいちがったり，協力できないということはなくなっていくと思います。

集団決定のプロセス

　集団決定といっても，はじめから即，相互理解はできません。次のような段階を一つひとつ踏んでいくことで，相手への本当の理解が生まれ，相手に自分を知ってもらうことになるのです。

第1段階　自分の考えを言う
　　まず，「あなたはどうですか」ではなく，自分はこう考えているということを素直に言う。

第2段階　メンバーの話を正確に聞く
　　ただ聞くのではなく，相手の意図していることをありのままにしっかり聴く。もちろん，わからない時には，わかるまで質問する。

第3段階　お互いに説得しあい，考えを練りあげる
　　ここで，はじめてお互いに説得しあう。お互いの意見の違いを明らかにして，説得しあう。この説得とは，意見を押しつけたり，決めつけたりして相手を言い負かしてしまうことではない。説（せつ）＝説明して，得（とく）＝納得して，賛成してもらうことである。けっしてめんどうになって，妥協することではない。

第4段階　まとめる（決定）
　　一致点を確かめていく。

集団決定をする良さ

　集団決定のプロセスを踏むと，そのあとでどのような良さがのこるのでしょうか。

1．お互いのもっている意見，考えの背景がわかり，その人となりがわかりあえる（共通点が見いだせる）。
2．問題に対しての共通理解ができる（Aさんは10理解して，Bさんは5しか理解していないのでは，その後の問題に一致して解決すべきところが，ずれて力が弱まることになる）。
3．多数決のような勝ち負けの関係にならない。

　特に，2は情報の共有化ということで，きずなが深まります。チームワークづくりには，欠くことのできない重要なポイントです。

こんなときに	GWT財	内容	気づき
とかく一部の強い意見で物事が決まることが多いとき，また，それに無関心な子どもが多いとき。	火事だよ！ 〔小・中学年～〕	もし，家が火事になったとしたら，自分は何を持ち出すかを，決められた4品目の中で順位を決め，グループでさらに最終決定をする。	お互いに自分の意見を言いあうことができ，友だちの意見もしっかり聴いていないと，まとめることができないことに気づく。
物事を考えるのをめんどうがったり，意見を言いたがらないとき。 話しあいの仕事がよくわからないとき。	クラスにとって大切な人は，どんな人？ 〔小・中学年～〕	各自，クラスにとって大切な人を，項目の中から選び，理由をグループの中で話しあいながら，グループ決定をする。	話しあうときに理由を説明しなければ相手に伝わらないこと，および一人ひとりの考え方は似ているようで異なることを知り，それゆえに，全員の納得の必要性とむずかしさがあることに気づく。
リーダーはいるが，みんながまとまりにくいとき。	ぼくらのリーダー 〔小・高学年～〕	各自，クラスのリーダーとして望ましい人柄を選び，グループ決定をする。	一人ひとりが望んでいるリーダー像がわかることで，現リーダーの子には，行動目標を立てるきっかけになる。 また，むずかしいが，このような決め方があることがわかり，自分の意見を人に知ってもらう大切さに気づく。

〔小・中学年〜〕

1.火事だよ！

〔ねらい〕
1. グループの中で，自分の考えを発表することができる。
2. メンバーの話をしっかり聴くことができる。

〔準備するもの〕
1. 課題シート（メンバー用）　　各自1枚
2. 課題シート（グループ用）　　各自1枚
3. 鉛　　筆　　　　　　　　　　各自1本
4. ふりかえりシート　　　　　　各自1枚

〔時間配分〕　45分
1. 準　　備　　　　　　　　　　　2分
2. 実施（メンバー決定）　　　　　3分
3. 実施（グループ決定）　　　　　20分
4. ふりかえり　　　　　　　　　　10分
5. まとめ　　　　　　　　　　　　10分

〔すすめ方〕
1. 準　　備
　　グループ（4〜6人）に分け，机を囲んですわらせる。
2. 実施（メンバー決定）
　　〈課題シート（メンバー用）〉を配り，個人決定の項を読み上げ，個人決定を記入させる。
　「自分一人で考えてください。他の人のを見たり，話しあったりしてはいけません。個人で考える時間は3分です。それでは始めてください」
3. 実施（グループ決定）
　　〈課題シート（グループ用）〉を配り，グループ決定のルールを読み上げ，確認してから，グループ決定をさせる。
4. ふりかえり
　①〈ふりかえりシート〉を配り，記入させる。
　② グループ内で項目ごとに発表しあう。
5. まとめ
　　〔ねらい〕に即してまとめる。

〔留意点〕
　この集団決定は，集団決定のコンセンサスを体験するのが目的であるが，私たちにとっては，子どもが品物に対する価値観と決定の過程がわかるものである。
　集団決定は，時によって自分の個人決定どおりにいかず，本当の納得のないまま決定してしまうグループもあり，フラストレーションを残したままの子どもがいる場合もあるので，事後，「どうしたわけ？」などと子どもにたずね，自分の考えをもっとまわりの人にわかるように伝えることなどをアドバイスできるとよい。
　また，そのグループにも必要があれば，強引に決定したなら，そのとき，他の子はどんな気持ちになったのかなどを，強引に決定させた子どもに気づかせる必要がある。
・経験が少ない場合は，4人が望ましい。
・「ゲーム機」や「学習用具」が具体的に何を指しているかという質問が出た場合，グループ決定のなかで話しあって決めてよいことを伝える。

〔ミニミニ実践例〕
　あるクラスでは，
1位　自分のアルバム（撮り直せないから）
2位　気に入った服（なかなか見つからないから）
3位　ゲーム機（大好きだから）
という結果がでた。
　また，2位に学習用具と決定したグループもあった。理由は，「教科書はなかなか手に入れられないから」であった。
　子どもたちから，次のような気づきがあった。
・みんなで「ここはこうした方がいい」「いやそれはこうした方がいい」としっかり言いあっていたし，それを聞いてまとめることができてよかった。
・友だちの話をしっかり聞いていないと，あとでわからなくなると思う。

課 題 シート（メンバー用） 〔火事だよ！〕

年　　　組　　　名前

一人でやりましょう。

　さあ，たいへん!!　となりの家が，火事です。今，あなたのそばには，次の品物があります。いちばん持ち出したい物に1，その次の物に2，その次の物には3，4と番号をつけてください。

ゲーム機	自分のアルバム	学習用具	気に入った服

課 題 シート（グループ用） 〔火事だよ！〕

年　　　組　　　名前

グループのみんなで，持ち出す順番を決めましょう。

名　前	ゲーム機	自分のアルバム	学習用具	気に入った服
自分				
グループ決定				

ふりかえりシート　　　　　　　　　　　　　　　　　　〔火事だよ！〕

　　　年　　月　　日　　　年　　組　　グループ名　　　　　　名前

　　　　はじまってから終わるまでの，グループの様子を思い出してみましょう。

1．自分の考えをはっきりとみんなに発表できましたか。
　　　①はい　　　②いいえ　　　（○をつける）
　　その理由を書いてみましょう。

2．みんなの発表を，しっかり聞けたと思いますか。
　　　①はい　　　②いいえ　　　（○をつける）
　　その理由を書いてみましょう。

3．話しあいをして，よかったことや気づいたことを書きましょう。

〔小・中学年〜〕

2．クラスにとって大切な人は，どんな人？

〔ねらい〕
1．理由をつけて，自分の考えをまとめる。
2．話し合いの仕方を学ぶ。
  ・相手の意見をよく聴く。
  ・自分の意見をはっきり言う。

〔準備するもの〕
1．筆記用具
2．課題シート（メンバー用）　各自1枚
3．課題シート（グループ用）　各自1枚
4．ふりかえりシート　各自1枚

〔時間配分〕　45分
1．準　備　　　　　　　　　2分
2．実施（メンバー決定）　　3分
3．実施（グループ決定）　　20分
4．発　表　　　　　　　　　10分
5．ふりかえり　　　　　　　7分
6．まとめ　　　　　　　　　3分

〔すすめ方〕
1．準　備
  ①　グループ（5〜6人）に分ける。
2．実施（メンバー決定）
  〈課題シート（メンバー用）〉を配り，課題を読みあげる。
  「クラスにとって，いちばん大切な人はどんな人かを決めます。まず，自分一人で考えてください。次にグループで話しあい，グループの意見をまとめます。最後に，グループの意見をクラス全体に発表します」
  次の注意事項を読みあげる。
  「自分一人で考えてください。他の人のを見たり，話しあったりしてはいけません。また，理由を簡単にメモしておいてください。それでは，はじめてください。個人で考える時間は，3分間です」
3．実施（グループ決定）
  「鉛筆をおいてください（〈課題シートCグループ用〉を配る）。グループで話し合いをはじめてください。そして，グループの意見として，1つにまとめてください。まとめるとき，多数決は行わずに，必ず全員が納得するようにしてください。他のグループの意見は言わないようにしてください。それでは，はじめてください。時間は20分間です」
4．発　表
  「話し合いをやめてください。発表してもらいます。1分間を目安に，決定したものと，理由を簡単に言ってください」
5．ふりかえり
  ①　〈ふりかえりシート〉を配り，記入させる。
  ②　グループ内で，項目ごとに発表しあう。
6．まとめ
  〔ねらい〕に即してまとめる。

〔留意点〕
・グループ決定に時間がかかると思われるので，あらかじめ60〜90分扱いで行なってもよい。
・クラスの中に茶化すムードがあると，効果が上がらないので，真剣に考える雰囲気をつくる。

〔ミニミニ実践例〕
・グループ決定をするときに，自分の考えを聞こうとする姿が見られた。
・グループ決定ができたとき，喜びの声が上がり，自然と話し合いのふりかえりをしていた。
・子どもたちから，次のような気づきがあった。
  「人の意見を聞いてみると，なぜそう思ったのか，よくわかった」
  「それぞれが考えをもっているので，それを1つにまとめるのは難しかった」
  「多数決でなくても，決定できることを知った」
  「他の人の考えを聞くことにより，自分の考えが浮かんできたり，まとめられたりした」
  「自分の考えに賛成者が現れたときは，うれしかった」　など

〔クラスにとって大切な人は，どんな人？〕

課題シート （メンバー用）

年　　組　　名前

自分がクラスにとっていちばん大切だと思う人に，○をつけてください。
①明るい人　　　　②やさしい人　　　　③正直な人
④くじけない人　　⑤まじめな人
その理由をかんたんに書いてください。

〔クラスにとって大切な人は，どんな人？〕

課題シート （グループ用）

年　　組　　名前

選んだところに，○をつけましょう。

名　前	①明るい人	②やさしい人	③正直な人	④くじけない人	⑤まじめな人
自分					
グループ決定					

〔クラスにとって大切な人は，どんな人？〕

ふりかえりシート

年　月　日　　年　組　　グループ名　　　　　名前

このグループでの活動をふりかえり，あてはまるところに○をつけてください。

1．グループの中で，すすんで意見をのべることができましたか。
　　　　　①よくできた　　②できた　　③あまりできなかった　　④できなかった

2．他人の意見を，すすんで聞こうとしましたか。
　　　　　①よくできた　　②できた　　③あまりできなかった　　④できなかった

3．グループの中で，自分の意見がいかされましたか。
　　　　　①よくできた　　②できた　　③あまりできなかった　　④できなかった

4．自分の意見をまとめ，話し合いをすすめることができましたか。
　　　　　①よくできた　　②できた　　③あまりできなかった　　④できなかった

5．自分の意見だけをおしつけようとせず，友だちの意見を受け入れることができましたか。
　　　　　①よくできた　　②できた　　③あまりできなかった　　④できなかった

6．この話し合いをした感想を書いてください。

7．みんなで話し合うときに，どんなことに気をつけたらよいと思いますか。

3．ぼくらのリーダー

〔小・高学年～〕

〔ねらい〕
1．リーダーとしての望ましい人柄を考え，自分と比較することによって，自分自身の課題を発見する。
2．グループ内でのグループ討議による意志決定の過程を体験的に学ぶ。
　① 多数決よりもコンセンサスを求めていく大切さに気づく。
　② お互いに自分の考えを主張するとともに，相手の考えを尊重し，協力しあう姿勢がなければ，集団決定はできないことに気づく。
　③ 討議や説得によって，個人の価値観まで変えることはむずかしいので，相互理解の態度の大切さに気づく。
　④ 言葉の定義が個人によって違い，そのことから，つまらない摩擦が生じてしまうこと，また，設定時間内に課題を達成する大切さに気づく。

〔準備するもの〕
1．課題シート（メンバー用）　　各自1枚
2．課題シート（グループ用）　　各自1枚
3．ふりかえりシート　　　　　　各自1枚

〔時間配分〕　50分
1．準備・課題（メンバー用）実施　　5分
2．課題（グループ用）説明　　　　　5分
3．課題（グループ用）実施　　　　 20分
4．結果発表　　　　　　　　　　　　5分
5．ふりかえり　　　　　　　　　　 10分
6．まとめ　　　　　　　　　　　　　5分

〔すすめ方〕
1．準備・課題（メンバー用）実施
　① グループ（5～6人）に分け，机を囲んですわらせる
　② 〈課題シート（メンバー用）〉を配り，個人決定の項目を読みあげ，個人決定を記入させる。
　「自分一人で考えてください。他の人のを見たり，話しあったりしてはいけません。個人で考える時間は3分です。それでは始めてください」

2．課題（グループ用）説明
　① 〈課題シート（グループ用）〉を配る。
　② 〈課題シート（グループ用）〉の氏名欄に，グループメンバー全員の氏名を記入させ，次いで，選んだ項目の番号も記入させる。

3．課題（グループ用）実施
　① 全員が書き終わったことを確認したら，以下の討議の進め方のルールを徹底させ，開始する。
　　ア．はじめからリーダーを決め，その人の司会によって討議をすすめたりすることはしない。
　　イ．答を平均値で決めたり，多数決で決めたりしない。
　　ウ．7項目を全部，一応検討する。
　　エ．あとで，グループの動き，人の動きのふりかえりをするので，まわりをよく観察する。
　　オ．安易に妥協しないで，主張すべきところはきちんと自己主張し，全員が納得する結論をだす。
　　カ．時間は20分間である。
　② 教師は，グループ間を見てまわりながら，グループやメンバーの動き，特に気づいた発言などをメモしておく。（〈観察シート〉を活用するとよい）

4．結果発表
　時間がきたらストップをかけ，グループごとに結果を発表させる。できれば，経過を報告させる。結論のだせなかったグループにも，現在までの経過を報告させる。

5．ふりかえり
　〈ふりかえりシート〉を各人に1枚ずつ配り，記入させる。それにもとづいて，ふりかえりの話し合いをさせる。
　　1，2は手をあげさせる。
　　3，4はグループで発表させる。

6．まとめ
〔ねらい〕に即してまとめる。

〔留意点〕
- たとえグループ決定しても、話し合いだけでその人の価値観まで変えるということには無理がある。
- 時間内にグループ決定ができなかった班については、その問題点を考えさせることも必要であろう。
- 限られた時間を最大限に有効につかい、とりあえず、今、考え得るベストの決定をだすべきである。
- この"ぼくらのリーダー"には、正解はない。集団決定が正しいとか、誤っているという評価をすることではなく、〔ねらい〕にそったふりかえりとまとめをしてほしい。
- このGWTをきっかけにリーダーについて、話しあえると相互理解が深まる。
- 行事などの前にリーダーについて考えるきっかけにしてもよい。
- 参考までに、東京と横浜の中学生1,200人を対象に「リーダーとして望ましい人柄」を、25項目の中から5つ選ぶというアンケートの実施結果を紹介しておく。

1．	責任感がある	916人
2．	積極的である	792人
3．	公平である	694人
4．	明るい	653人
5．	思いやりがある	634人
6．	意見をまとめるのがうまい	616人
7．	判断力がある	611人
8．	実践力がある	601人
9．	頼りになる	596人
10．	全体のことに気を配れる	557人
11．	やる気・情熱がある	555人
12．	自分の考えをしっかりもっている	473人
13．	計画性がある	467人
14．	心が広い	381人
15．	話が上手	358人
16．	親切である	346人
17．	ユーモアがある	324人
18．	人の話をよくきく	316人
19．	アイディアが豊富	288人
20．	裏表がない	282人
21．	頭がいい	142人
22．	慎重である	125人
23．	けんかが強い	114人
24．	影響力がある	104人
25．	楽天的である	68人

（25項目より1人上位5項目をとった複数回答による）

〔ミニミニ実践例〕
子どもたちから、次のような気づきがあった。
「多数決よりも、納得するまで話しあうことが大切だと思った」
「多数決以外の話しあいの方法（協力・主張しあうこと）のコツが少しつかめた」
「一人ひとりがもっと意見を言って、みんなにわかってもらうようにしよう」
「意見を言うときに、理由をまとめることの大切さを知った」
「みんなと話しあえると、一人のときよりすっきりした」
「ぼくは、代議員だから、みんなが言ってくれたことで、とても勉強になった。もっと思いやりをもって、みんなの望みどおりのクラス代表になる」

多数決で物事を決めていくことが多い中、時間をかけてもコンセンサスを求めていくことのむずかしさと、大切さを学んでいる。

途中、一つひとつの言葉に対する定義が、一人ひとり違うことに気づき、グループとしての言葉の定義を明確にしていくことになる。

また、それぞれの価値観も違うので、お互いに主張しあっているだけでは、コンセンサスが得られないことに気づく。

主張することは十分するが、自分の意見を引くべきときには、引かなければならないということまで気づけば、大成功であろう。

また、リーダーとして、人柄の項目を検討することによって、普段の学校生活の中での自分をふりかえり、足りない部分を補おうという姿勢も生まれてくる。

課題シート（メンバー用）

〔ぼくらのリーダー〕

年　　　組　名前　　　　　　　　

クラスのリーダーとして，"望ましい人柄ベスト8"を決めたいと思います。
ベスト5はすでにあがっていますので，残りの3つをa～gの中から選んでください。

リーダーとして望ましい人柄

1．責任感がある。

2．積極的である。

3．公平である。

4．明るい。

5．思いやりがある。

6．＿＿＿＿＿＿

7．＿＿＿＿＿＿

8．＿＿＿＿＿＿

a．判断力がある。

b．実践力がある。

c．たよりになる。

d．全体のことに気が配れる。

e．やる気，情熱がある。

f．意見をまとめるのがうまい。

g．自分の意見をしっかりもっている。

個人決定

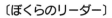

課題シート （グループ用）

年　月　日　　年　組　　名前

グループ討議によって，最も重要なものを3つ選んでください。

氏　名	個人で選んだ項目		
1.			
2.			
3.			
4.			
5.			
6.			
7.			
8.			

グループ決定

ふりかえりシート

〔ぼくらのリーダー〕

　　　　　　　　　年　月　日　　年　組　名前 _____

1. あなたは，話しあいの中で，どう感じましたか。

　　① 自分の言いたいことが言えた　　4ー3ー2ー1　　ぜんぜん言えなかった

　　② 言ったことを十分聞いてもらえた　4ー3ー2ー1　　ぜんぜん聞いてもらえなかった

　　③ 友だちの話を十分聞くことができた　4ー3ー2ー1　　ぜんぜん聞くことができなかった

2. あなたは，グループについてどう感じましたか。

　　① リラックスしている　　4ー3ー2ー1　　ギスギスしている

　　② まとまっている　　　　4ー3ー2ー1　　バラバラである

　　③ 積極的である　　　　　4ー3ー2ー1　　消極的である

3. グループの決定にあたって，だれの（自分を含めて），どのような言葉や動きが最も助けになったと思いますか。

だれの（名前）	どのような言葉や動き

4. 「ぼくらのリーダー」をして，よかったことや気づいたことを書きましょう。

Ⅴ 友人から見た 自分を知るGWT財

友人から見た自分を知る GWT とは

あなたのクラスの子どもたちは，友だちのことをどのように見ているのでしょうか

　　　クラスの友だちというのは，いつも一緒にいて生活をしており，何かしらのかかわりは持っているのですが，その友だち一人ひとりのことについて，じっくり考えるチャンスはなかなかありません。

　　　子どもたちと接していると，子ども同士のうまが合わないというのか，友だちを批判的に見ている場合があって，「あの子によいところなんてあるのかなあ」とか，「あの子って変な子だと思うでしょう」という言葉を聞いて，教師としては，ドキッとすることが時々あります。また，自己中心的で，自分が一番偉いと思い，あとの仲間を家来のように扱っている子もいるのです。そんな中では，友だちと仲良く話しあったり，協力したりすることは，なかなかできそうにはありません。

そんなあなたのクラスのために，この GWT 財は

1．友だちのよいところを考えさせることによって，相手を一人の人として認め，自分と同じように大切な存在であることに気づかせることができます。
2．ふだんの生活とは違った視点で友だちを見つめ直すので，誰にも必ずよいところがあるということを気づかせることができます。
3．子どもたちは，本当に友だちを大切にしようと思うようになり，そしてそれは，仲良くしていこうとする態度につながっていきます。
4．人からほめてもらってよい気分になると同時に，友だちをほめあい，認めあっていくことができるのです。

　　　クラスには，爽やかなあたたかい雰囲気が生まれることでしょう。
　　　さらに，友だちから見た自分を知ることにより，自己成長のためのきっかけとなればよいと考えています。
　　　子どもたちの中には，文章表現力が十分でなく，友だちのよいところを書くことができない子や，ふだん友だちをじっくり見ていなくて，よいところを見つけられない子がいます。また，本人は友だちのよいところを書いたつもりでも，書かれた子にはそう受け取れないこともあります。相手のことを書く場面で，文章表現力が十分でないと考えられる子や，書き進まず考えてしまっているような子には，ぜひ，アドバイスをお願いしたいと思います。
　　　また，「みんなでつくる連絡票」は，そのまま子どもたちに手渡されるので，書かれている内容には，必ず目をとおしてください。

こんなときに	GWT財	内容	気づき
子ども同士がある程度，友だちのことについて知っているとき。	あなたはステキ〔小・中学年～〕	友だちのよいところをカードに書き，カードを集めるゲームをさせる。ゲームをした後で，誰のことが書かれているのかを当てる。	友だちとほめあうことにより，あたたかなよい気分になり，友だちのよい面を見ていくことの大切さに気づく。
各学期末や行事が終わったとき。	他己紹介ビンゴ〔小・高学年～〕	友だちのよいところをカードに書く。書いたカードをもとに，誰のことが書かれているかを当てながら，ビンゴゲームをする。	友だちによいところを書いてもらい，よい気分になる。自分のことだけでなく，友だちのよさにも気づく。自分自身が友だちのことをよく知っていなかったり，よく見ていなかったことに気づく。
	みんなでつくる連絡票〔中学生～〕	クラスの友だちの名前の入ったカードを配り，その人のよいところや行動のよかったところを書く。カードを交換し，1人が数人に対して，よかったところを書く。	友だちに自分のよかったところを認めてもらい，よい気分になる。係分担の中での活動や課外活動の場面での，友だちのよかったところ，素晴らしかったところに気づく。

子どもたちは，自分のよいところを素直に認めることができるでしょうか

　　だれにも，短所はありますが，GWTをとおして，その短所を許して相手のよい部分を認められるようになります。この「人を許すこと」ができるようになると，自分の行動や態度を受け入れることができるようになります。自分のよいところも素直に認められるようになるのです。

　　このGWTを実施したときの子どもたちの感想の中に，「私はそんなに素晴らしい人ではない」と答えることがあります。これは，「うれしいけれど，素直に言えない」という場合と，「よさとして出されたことが信じられない」という場合があります。人から一つのことをほめられて，自分のすべてが素晴らしくなったと勘違いして，自慢することは，うぬぼれです。しかし，自分が描いた理想の自分と，現実の自分とを比較して，今ある自分を否定することは，謙虚とは言えません。

　　「他者からの賞賛を受け入れないこと」と，「謙虚であること」は，全く違うことを，ぜひ指導していただきたいと思います。

1. あなたはステキ

〔小・中学年～〕

〔ねらい〕
1. 友だちのよいところに気づく。
2. 友だちが、自分のどういうところをよいと思っているかを知る。

〔準備するもの〕
1. 名前を書くためのカード（自分が書く相手を決めるために使用。トランプぐらいの大きさ）　　　　　　　　　　　　各自1枚
2. 友だちのよいところを書くカード
　　　　　　　　　　　　3枚×メンバー数
3. 色鉛筆　　　　　　　　各グループ1セット
4. 指示書1,2,3　　　　　　各グループ1枚
5. ふりかえりシート　　　　　　各自1枚

〔時間配分〕　　45分
1. 準備・説明　　　　　　　　　　3分
2. カードづくり　　　　　　　　　20分
3. 実　施　　　　　　　　　　　10分
4. ふりかえり　　　　　　　　　　10分
5. まとめ　　　　　　　　　　　　2分

〔すすめ方〕
1. 準備・説明
　　グループ（4～6人）になって、すわらせる。
2. カードづくり
　① よいところを書く相手を決めさせる。
　　・〈指示書1〉を配り、教師が読みあげて、質問があれば、それに答える。
　　・名前を書くためのカードを配り、自分の名前を書かせて、グループ内で一度集めて、配りなおす。自分のカードは、こないようにさせる。
　② 相手のよいところを書かせる。
　　・〈指示書2〉を配り、教師が読みあげて、質問があれば、それに答える。
　　・色鉛筆をつかって、1人3枚のカードに友だちのよいところを書かせる。
　　・全員が書けたか確認し、書けていない子には、個別指導を行なう。

3. 実　施
　① 〈指示書3〉を配り、教師が読みあげて、質問があれば、それに答える。
　② カードを集めるゲームをする。
　③ 全員がそろうのを待つ。
　④ 集めたカードは、だれのことが書かれているかを考えさせる。
　　「あなたの集めたカードは、だれのことについて書かれているのでしょう。もし、自分のことだと思ったら、自分と答えてもかまいません」
　⑤ グループで、発表させる。
　　「あがった人から、カードに書かれていることが、だれのことだと思うか発表しましょう。全員が発表を終わったら、書いた人が正解を言ってください」
4. ふりかえり
　〈ふりかえりシート〉を配り、記入させる。
5. まとめ
　〔ねらい〕にそってまとめる。

〔留意点〕
・友だちのよいところを書けない子どもがいたので、それぞれ個別指導したい。
　①表現力がまだない、②友だちのよいところに気づかない、③よいところという意味をとりちがえるなど。

〔ミニミニ実践例〕
・子どもたちが互いによいところを認めあうことができた。
・実施後、子どもたちの雰囲気がとても和んだ。
・子どもたちから次のような感想が出た。
「自分のよいところがわかるので、もっとやりたい」
「友だちのよいところを書くとき『なんかあったっけな』と言ってしまった。言われた人は、嫌な気分だったと思うから、言わなければよかったと思う」
「人のよいところをまねしようと思った」

グループへの指示書1

〔あなたはステキ〕

　これから，グループの人たちのよいところを書いたカードを集めるGWTをします。まず，だれのよいところを書くかを決めます。

【やり方】
① 名前を書くためのカードを1人に1枚ずつ配ります。
② 自分の名前を書きます。
③ 集めて，メンバーにもう一度配ります。自分がもらったカードに書かれている人のことを書きます。

〔ルール　1〕だれのカードをもらったかが，グループの他の人にはわからないようにします。
〔ルール　2〕自分の名前が書いてあるカードがきた場合は，もう一度配りなおします。

グループへの指示書2

〔あなたはステキ〕

　これから，いよいよ友だちのよいところを書いていきます。

【やり方】
① グループの人が，全員違う色になるように，色鉛筆を持ちます。
② 友だちのよいところを書くカードを1人3枚ずつ配ります。
③ 自分がもらったカードに書かれている名前の人の，よいところを3つ考えて，カードに書きます。

〔ルール　1〕よいところは，1枚のカードに1つずつ合計3枚書きます。
〔ルール　2〕ふだんの友だちのようすをよく思いだして，必ずよいところを書きましょう。

グループへの指示書3

〔あなたはステキ〕

今，みんなが書いたカードをつかって，ゲームをします。

【やり方】
① よいところを書いたカードを集めて，トランプのようによく切り，3枚ずつ配ります。
② 自分の集めるカードを決めて，かけ声といっしょにいらないカードを，自分の右の人にまわします。
③ 同じ色で書かれたカードを，早く3枚集めます。

〔ルール 1〕自分の書いたカードを集めてはいけません。
〔ルール 2〕最初から3枚のカードがそろっている場合は，配りなおします。
〔ルール 3〕かけ声は，「あなたはステキ」です。
〔ルール 4〕3枚のカードがそろったら，「あがり」と言って，ゲームから抜けます。他の人はそのまま続け，全員がそろうまで続けます。

ふりかえりシート　　　　　　　　　　　　　　　　　　　　〔あなたはステキ〕

　　　　　年　月　日　　年　　組　　グループ名　　　　　名前

今のGWTをして，気づいたことを書きましょう。

1．友だちが書いてくれたカードを見て，思ったことを書きましょう。

2．「あなたはステキ」をして，他によかったことや，気がついたことを書きましょう。

〔小・高学年～〕

2．他己紹介ビンゴ

〔ねらい〕
1．友だちのよいところに気づいたり，よいところを見つけようとしたりする。
2．自分がどんなふうに相手にみられているかを知る。

〔準備するもの〕
1．筆記用具
2．他己紹介カード（画用紙をトランプぐらいの大きさに切り，個人名を記入しておく）
　　　　　　　　　　　　　　　クラス人数分
3．指 示 書
4．ビンゴ表（B5の画用紙に5×5または，6×6のマスを書いたもの）
　　　　　　　　　　　　　　　各グループ1枚
5．ふりかえりシート　　　　　各自1枚
6．得点表 (黒板に書いておくとよい)

〔時間配分〕　　90分
1．説　　　明　　　　　　　　　　2分
2．他己紹介カードに記入　　　　 10分
3．グループ編成・ゲームの説明　　5分
4．実　　　施　　　　　　　　　 60分
5．ふりかえり　　　　　　　　　　8分
6．まとめ　　　　　　　　　　　　5分

〔すすめ方〕
1．説　　明
　①　「これから"他己紹介ゲーム"をします」"他己紹介"と板書し，"他己"の意味を説明する。
2．他己紹介カードに記入
　①　〈他己紹介カード〉に記入させる。このとき，友だちのカードに記入させたいので，自分のカードがきたら交換させる。
　　「これから，このクラスの人の名前が入ったカードを1人に1枚ずつ配りますので，その人について，あなたが紹介を書いてください。よいところをできるだけたくさん書いてください。また，自分のカードがきた場合は，先生に教えてください。他己紹介を書く時間は，10分間です」

　②　全員が記入しおえたら，〈他己紹介カード〉を集める。
3．グループ編成・ゲームの説明
　①　5～6人のグループにわける。
　②　グループごとにビンゴの紙を作らせる。
　　「グループごとに，画用紙の25のマスの中に，クラスの友だちの名前を一人ずつ書いてください」
　③　ゲームの説明をする。
　　〈指示書〉を配り，教師が読み上げて，質問があれば，それに答える。
4．実　　施
　①　ビンゴゲームを始める。
　②　30分たったら，ビンゴゲームを終了し，グループごとに得点を確認する。
　③　今までに紹介されなかった友だちも，このあと紹介していく。
5．ふりかえり
　〈ふりかえりシート〉を配り，記入させる。
6．まとめ
　カードを読んでいるときの様子やあたたかい雰囲気を伝える。読んでもらったときの気持ちを大切にするように話す。

〔留意点〕
・行事や学級で協力した活動の後に行なうと具体的な行動についてカードを書くことができる。
・〈他己紹介カード〉に書けない子どもがいた場合は，個人的に指導する。
・カードの紹介を読む中で，たくさんのグループから手があがったときは，ひととおり答えを聞いてから正解を発表し，当たったグループすべてに得点を与える。
・ゲームが終わった時点で読まれなかったカードについても，同じように紹介する。
・いろいろな視点から，一人の子について紹介したい場合には，集めて配り直しを2～3回繰り返すとよい。

〔ミニミニ実践例〕
・子どもたちから次のような感想が出た。
 「楽しくできた」
 「人のよいところを見つけるのは難しい」
 「自分がどのように見られているか知りたい」
 「みんながよいことばかり書いてくれて，うれし
  かった」

〔他己紹介ビンゴ〕

指 示 書

　これから，みなさんが書いてくれたカードを読みあげます。
　その紹介がだれのことかわかった人は，手をあげてください。
　当たれば，10点をあなたのグループにあげます。はずれたら－10点です。

　紹介された人の名前がマスの中に書いてあれば，その名前に○をつけます。
　○が，たて，横，ななめの，いずれか1列にそろえばビンゴです。
　全員で大きな声で「ビンゴ」と叫び，知らせてください。50点をあげます。

　ただし，あと1つ○が付けばビンゴになるという時に，全員で「リーチ」と言わなければなりません。「リーチ」をかけなければ，「ビンゴ」になっても得点を得られません。

　制限時間は30分です。

他己紹介ビンゴゲーム表　　　　　　　　〔他己紹介ビンゴ〕

年　　組　　グループ名

・1マスに1人ずつ，クラスの友だちの名前を書きます。
・紹介された友だちの名前に〇をつけていきます。
・あと1つ〇が付けばビンゴになるという時に，全員で「リーチ」と言いましょう。
・ビンゴになったら，全員で「ビンゴ」とさけびましょう。

 〔他己紹介ビンゴ〕

　　年　月　日　年　組　　グループ名　　　　　　名前

　　今のGWTをして，気づいたことを書きましょう。

1．"他己紹介"を書くときに，あなたはどう思いましたか。

2．友だちに書いてもらったことをきいて，あなたはどう思いましたか。

3．「他己紹介ビンゴ」をして，よかったことや気づいたことを書きましょう。

〔中学生〜〕
3．みんなでつくる連絡票

〔ねらい〕
　さまざまな活動をふりかえり，友だちから見た自分を知って，自己成長のきっかけにする。

〔準備するもの〕
1．課題シート（色画用紙などに印刷するとよい）　　　　　　　　　　　各自1枚

〔時間配分〕　50分
1．準　　備　　　　　　　　　　　5分
2．実　　施　　　　　　　　　　 35分
3．ふりかえり　　　　　　　　　　5分
4．まとめ　　　　　　　　　　　　5分

〔すすめ方〕
1．準　備
　①〈課題シート〉を配り，名前を記入させる。
　② 名前だけを記入した〈課題シート〉を，一度全部回収する。
2．実　施
　①「いつもは，先生が連絡票をつくるのですが，今日は，みんなで一人ひとり連絡票をつくってみようと思います」
　②〈課題シート〉をトランプのようにきり，裏返して，各自に1枚ずつ配る。
　③「それでは〈課題シート〉を表にしてください。名前を見て，自分のではないことを確認してください。もし，自分のシードだったら，手をあげてください」
　　その場合は〈課題シート〉をとりかえる。
　④「では，その人に対して最初の項目に，あなたの感じていることを書いてあげてください。ただし，その人にとってマイナスになるようなことは，絶対に書かないことを約束しましょう。お互いに，その人のよい点を思いだし，プラスになるようなことを書いてあげましょう」
　⑤ しばらく時間をとり，書きあがったら，再度，裏返して回収する。
　⑥ ②〜⑤を数回くりかえす。一度書いた人は，二度書かないように，教師がシートをとりかえる。
　⑦「友だちから」の記入が終わったら，最後の子が〈課題シート〉を本人にわたす。
　⑧〈課題シート〉の「自分から」を記入させる。
3．ふりかえり
　書かれたものを読んで，思ったことを書かせる。
4．まとめ
　〔ねらい〕に沿ってまとめる。

〔留意点〕
・書けない子やマイナス面にふれている子には，声をかける。
・ふだんから，人のよい面を認め，ほめあえるような雰囲気づくりをしておくことも大切である。
・終業式の日に実施する方法もある。

〔ミニミニ実践例〕
・子どもたちから次のような感想が出た。
「先生からもらう本物の連絡票より，この連絡票をもらうのが楽しみだ」
「がんばったことを，他の人が認めてくれているのがわかってうれしい。やったかいがあった」
・友だちのよい面を見つけて（思い出して）書くことは，なかなかむずかしいようだが，慣れてくると，文章の内容も豊かになってくる。

課題シート　　　　　　　　　　　　　　〔みんなでつくる連絡票〕

　　　　　　　　　　さんへ

○友だちから

　　　　　　　　　　　　　　　　　　　　　　　より

　　　　　　　　　　　　　　　　　　　　　　　より

　　　　　　　　　　　　　　　　　　　　　　　より

　　　　　　　　　　　　　　　　　　　　　　　より

　　　　　　　　　　　　　　　　　　　　　　　より

○自分から

「みんなでつくる連絡票」をして，思ったことを書きましょう。

Ⅵ 学校グループワーク・トレーニングとは

A．GWTとパティシペイターシップ

　ここでは，「グループワーク・トレーニング（GWT）とはなにか」について説明します。「学校GWT」については，別項「なぜ，学校GWTが必要なのか」をご覧いただきたい。

1．GWTの基礎理論

　人間は，生まれ落ちた時から常に家族や遊び仲間やサークルなど，少人数の集団（グループ）の中で生活し，そこから影響を受けて人格を形成していることは，周知のとおりである。そして，社会の中には，いろいろの目的を持った小集団が実にたくさんある。しかし，影響を受けているからといって，それらすべての小集団の活動を"グループワーク"とよぶわけではない。

　P．B．スミスによれば，グループワークとは「グループそのものを活用資源としてトレーナー（ファシリテーター，セラピスト，ソーシャルワーカーなどを含む）がグループに働きかけ，グループ過程をとおし，グループの力動（ダイナミックス），相互作用を利用して，メンバーの人間的成長をはかり，彼らの思考，態度，行動，感情に変化を起こさせるとともに，社会的適応をはかる教育的，または治療的な過程」(注1) である。したがって，グループワークの範疇には，感受性訓練，エンカウンターグループ，集団療法，ソーシャル・グループワーク，自己援助グループなどが含まれるのである。そして，グループワーク・トレーニングも，その名称からわかるとおり，その中に含まれることは言うまでもない。なお，グループワーク・トレーニング（GWT）という名称は，1976年のGWT研究会の発足の際に名付けたものである。

　GWTの理論と方法は，行動科学に基礎をおくラボラトリー・トレーニングの学習理論と成長心理学をベースにしている。すなわち，

① 実習→ふりかえり（フィードバック）→分析，検討結果の一般化→変容・成長のプロセスをきちんと踏んでいく。特にふりかえりが重要である。
② 今，ここでの行動を重視する。
③ 特に自己への気づきと態度の変容を重点目標とする場合は，できるだけクルト・レビンの変革理論に言う「解氷から再結氷へのプロセス」をたどるように配慮する。

　「解氷から再結氷へのプロセス」とは，次のとおりである。(注2)

a．自分自身の態度，行動について，予想もしなかったデータ，これまで持っていた自己像を崩壊させるようなデータに直面する。
b．自分自身に対するイメージが攪乱され，不安やおそれを感じる。
c．この不安を乗り越えるには，グループの中に，あたたかく支持的，許容的な雰囲気，心理的安全感がなければならない。
d．その中で，自分の態度，行動を点検し，またグループのメンバーからフィードバックを受けて，他人から見た自分の姿に気づく。
e．ありたい自分の姿をイメージしたり，モデルを見つけてその人と同一化し，自分のなかに新しい思考，感情反応，行動様式を統合する。

GWTは，このような理論をベースにした体験学習であり，一種のゲームであるから，真剣に取り組まなければ得るものが少ないが，深刻になる必要はない。GWTは，難行苦行ではなく，できるだけリラックスした雰囲気の中で自分の姿に気づき，自ら態度，行動を変容させていくことを目的としているのである。GWTでは，人間は，外から圧力をかけて変化させることはできない，と考えており，またそのようなことをするのは，人間に対する冒瀆だと考えている。

2．GWTのねらいは，パティシペイターシップの養成

GWTは，
① 仲間づくり（人間交流）やグループづくり。
② グループ・プロセスに気づき，集団の中で効果的に役割を果たす技能の養成。
③ 自己への気づきと態度の変容。
④ 組織の問題解決と活性化。
などの目的に使えるが，GWTのねらいを一言で言うなら，「パティシペイターシップを養成することである」，と私は考えている。

カートライトとザンダーは，「リーダーシップとは，グループがその目標を達成するために必要な，さまざまの"集団機能"であり，グループの目標の設定，目標達成のための活動，メンバー間の相互作用の質の改善，メンバーの凝集性の向上，メンバーの能力をはじめ様々な資源の活用など，そのグループのメンバーによってなされる諸々の活動の総称である」「リーダーシップは，リーダーとして公式に指名されてその地位，職位についた人（学校であれば，委員や班長など）だけが持つものではなく，メンバーであれば誰でも，何らかの程度のリーダーシップを持つことができる」(注3)といっている。

彼らによれば，リーダーとメンバーの違いは，上下の権力による支配と服従の関係ではなく，グループの目標達成のための役割の違いにすぎない。メンバーは，リーダーに忠誠を誓っているのではなく，グループの目標に賛同しているのであり，目標達成のためにメンバーの一人ひとりが，必要なリーダーシップ（集団機能）を分担して行動しているのである。すなわち，西堀栄三郎のいう「異質の協力」(注4)により集団全体の総合力を最大限に発揮することこそ重要なのである。このようにメンバーが分担する集団機能を"シェアード・リーダーシップ"と呼ぶ。そこではまた「励まし，励まされて」(注5)の著者高橋真太郎のいう"励ましあいの輪"が大切になってくる。

このような考えから，"パティシペイターシップ"という新しい言葉を作ってみた。パティシペイター（Participator）には「参加者」の意味もあるが，研究社の新英和大辞典をひくと「関係者，参与者，協同者」と書いてある。そこで私は，パティシペイターを「集団・組織に義務的に参加したり，お客様的に参加するのではなく，自ら進んで積極的に参加し，責任を分担する協働者」の意味に用いることにし，リーダーシップ，メンバーシップをもじって"パティシペイターシップ"という言葉をつくったのである。そして「GWTの目的は，楽しみながらパティシペイターシップを養成することである」と考えている。

3．パティシペイターシップの内容

パティシペイターシップの内容は，次のとおりである。

1）自分に気づく

1．「いま，ここ」での自分の姿，すなわち自分の行動，態度，表情，発言の内容と口調（感情や欲求の表し方，自己主張の仕方などを含む）を正しく認知する。
　気づきについて大事なことは，次の「他者やグループに対する気づき」も同様であるが，自分に都合の良い見方をしたり，欲求，恐れ，あるいは非合理的な妄想によって，現実を歪めて受け取らないように気をつけることである。
2．自分の姿が，メンバーなど周囲の人たちに，どのような影響を与えているかに気づく。
3．自分のものの見方，考え方，価値観や枠組，欲求，こだわり，動機，意図，感情に気づく。
4．自分自身の価値を認め，自分自身を肯定的に受け入れ，自分自身を好きになる。また自分自身をゆとりをもって見ることができ，失敗することがあっても，それをユーモアの対象にすることができる。
5．周囲の人々の自分に対する期待と，周囲の人々から支えられていることに気づく。

2）他者，メンバーに気づく

1．メンバー一人ひとりの行動，態度，表情，発言の内容，声の調子を，見たり，聴いたりする。ここでは，見逃さない目，聞き逃さない耳が必要となる。
2．そして，メンバーのものの見方，考え方，価値観を理解し，いま，ここでの気分や感情，欲求，こだわり，動機，意図，からだの調子を洞察したり，推察したりする。
3．メンバーを，あるがままに肯定的に受け入れ，メンバーの気持ちに共感し，あたたかい思いやりを示す。グループの初期の段階では特に「四つの懸念」が早く解消されるように注意を払う必要がある。
　四つの懸念とは，J．ギブのグループ成長理論（注6）にあるもので，次のとおりである。
① 自分は，このグループのメンバーとして受け入れてもらえるだろうか，他のメンバーを自分は受け入れることができるだろうか，という「受容懸念」で，この懸念が解消されると，不安感から相互信頼の関係に変わっていく。
② 自分は，どのように動けばよいのだろうか，こんなことを言ってもよいのだろうかという「データ流動懸念」で，この懸念が解消されると，閉鎖的な傍観者的な行動から，開放的で自由な行動に変わり，コミュニケーションの量がふえてくる。
③ このグループがいま何をしようとしているのかよくわからない，私のやることはなんだろう，という「目標懸念」で，この懸念が解消されると，お互いに無関心で，ひとから言われるとおりに動いていたものが，自分たちで目標を設定し，積極的に活動するようになる。
④ このグループのリーダーは誰で，自分の役割，責任はなんだろう，という「統制懸念」で，この懸念が解消されると，メンバーの役割が適切に分担され，それぞれが効果的に活動するようになる。

3）グループの状況に気づく
　　1．グループの内外の状況を事実に即してとらえ，そこにある問題に気づく。
　　2．グループの内部の状況とは，グループ・プロセス（グループの力動的過程）や集団心性などのことである。
　　　グループ・プロセスとは，メンバーのつながりぐあいや凝集度と相互の影響関係，集団機能・役割の分化，コミュニケーションの質と量，意思決定のスタイル，目標や課題達成の手順と時間管理，グループの風土や規範，これらのものがメンバーに与える圧力，などが変化していく過程のことである。
　　　集団の活動は，個人の欲求と集団の心性の2つの力によって動かされている，とW.R.ビオンはいう。(注7) そして，集団心性を「依存」「闘争と逃避」「相棒づくり」の3つに分けている。依存とは，リーダーや他のメンバーが何かを与えてくれるのを待っている状態であり，闘争と逃避とは，リーダーシップの取り合いや，リーダーとメンバーの対立，サブグループ同士の葛藤，グループ外の何ものかとたたかう心の状態をいい，相棒づくりとは，誰かと親密な関係になるために集まることをいう。

4）グループの一員として，適切で効果的な行動をとる
　　1．メンバーの間に，質，量ともに十分なコミュニケーションが共有されるよう配慮する。
　　2．適切に，自己主張と自己開示を行う。自己開示とは，いま，ここでの自分の感情を率直に表明することである。
　　3．メンバー全員との交わりを深める。そして，あたたかい励ましあいの関係を結ぶ。
　　4．メンバー全員の合意によって集団の目標を設定し，目標達成に向かって情熱を燃やし，力を結束する。
　　5．目標達成への手順と，役割分担を決定し，協力しながら期待された役割を果たす。
　　6．グループの一員として，課題達成機能，集団維持機能，活力形成機能を発揮して，メンバーと互いに応答しあい，集団の動きを変革し，目標達成へのはずみをつける。
　　　課題達成機能とは，グループの課題達成を促進する働きである。課題達成に役立つ意見や解決策を出したり，出された意見の違う点をはっきりさせたり，一致点を見出そうとしたりする働きなどがこれにあたる。
　　　集団維持機能とは，メンバーの人間関係を調整して，グループの分裂を避け，メンバーの相互作用を促進する働きである。みんなが意見を述べるように促したり，貢献を認めて励ましたりする働きなどが，これにあたる。
　　　活力形成機能とは，グループの中に"面白さ"を醸し出す働きである。この機能は，日本生産性本部の1982年度のレポートで提言されたもので，面白さの要素として，①めらめら燃える，②脱日常性，③創造・挑戦，④連帯感，⑤水平・平等関係の5つをあげている。
　　　平たく言えば，グループには，厳しさと，あたたかさと，面白さが必要だということである。
　　7．グループ内の葛藤を，理性的，民主的手段によって解決する。日本的な，察し

と暗黙の了解や，馴れあいによる取り引きによらず，自己主張と対決の中からコンセンサスをつくり出す。(「和を以て貴しとなす」とは考えない。)
8．創造性を発揮して問題を解決し，グループの新しい規範をつくりだす。

　以上説明したとおり，パティシペイターとは，自立した一人の人間であり，そういう人間が集まってはじめて本当のグループが形成されると考えている。GWTは研修のために作ったグループを利用して，グループを成長させる力を持った自立した人間を養成し，実社会の中の集団・組織を変革することを目指している。

　ただし，これは成人を対象に考えているので，学校GWTの場合には，こどもの発達段階に応じたねらいが設定されなければならない。

4．GWTのすすめ方

　GWTのすすめ方は，およそ次のとおりである。
1．グループ編成をし，定められた形に着席する。
2．原則として，これから実施するGWTのねらいについて説明する。GWT財やねらいによって，説明しない場合もある。
3．ルールを説明する。これは丁寧に行う。ルールを書いたシートを配るのもよい。質問にも答える。
4．用具を配る。これはルールの説明と前後することもある。
5．実習を開始する。
6．参加者の様子をこまかく観察する。ルール違反がないかどうか注意することは勿論であるが，後でコメントするために「パティシペイターシップの2)，3)，4)」についてのデータを集めておくことが大切である。トレーナーが，参加者が気づく以上のデータを集めておかないと，後のコメントが単なる一般論の講義になってしまう。複数のグループを一人のトレーナーで指導する時は，ここが大変である。
7．制限時間がきたらストップし，結果を発表する。正解のあるものは正解を発表する。
8．ねらいにあわせて，ふりかえりを行う。最終的には，ふりかえりの内容はパティシペイターシップの内容と同じである。
9．ふりかえりの内容を発表する。
10．トレーナーがコメントをつけ，実習の基礎となっている理論について小講義を行う。小講義は，コメントのなかに含まれてかまわないが，とにかく実習の体験を一般化しておかなければならない。
11．再び同じねらいのGWTを行い，1回目のふりかえりで学んだことが，どれくらい実行できたかをふりかえる。

　学校GWTでは，上記9や11を行うことが，時間的にむずかしい。

5．ふりかえりについて

　ふりかえりの指導にトレーナーの実力があらわれる。GWTの成果は，トレーナーがどういうふりかえりをさせるかにかかっている，と言っても過言ではない。
　ふりかえりには，実習そのものより多くの時間が必要である。
　各グループにトレーナーあるいは，観察者がついている場合は，充分深めた話し

合いができるが、トレーナーひとりで複数のグループを指導する場合は、〈ふりかえりシート〉をもちいるとよい。

〈ふりかえりシート〉の質問項目は、その文章を読むだけで、「ああ、こういうことに気づかなければならなかったんだな」とわかる文章にするとよい。〈ふりかえりシート〉の作成に、GWTのねらいをどこに置くかという、トレーナーの姿勢があらわれることになる。また、質問のなかに、自分自身についてふりかえる項目を入れておかないと、全体的なことについて他人事のように話し、一般論の反省だけで終わることがある。

ふりかえりのことを「フィードバック」ということもあるが、これについて注意することは、次のとおりである。

① グループの中に許容的な雰囲気があること。これが充分でないとふりかえりで傷つく人がでる。私も甘く見すぎて失敗したことがある。これを恐れて、GWTを依頼しながら「あまり厳しくしないでください」という人もいるが、ふりかえりを甘くすると、GWTがレク・ゲームになってしまう。

② いま、ここで、観察した事実をあげて指摘すること。フィーリングだけでものを言わないように注意する。

③ フィードバックというと、「相手の欠点をあげてやっつけること」と考えている人があるが、相手にマイナスの評価を押しつけたり、非難することではない。その人が、どういう場面で、どういう愚かなこと、ムダなことをやっているかに気づくよう援助することである。また、相手の良い点や、その人の気づいていない長所を伝えてあげることもフィードバックである。

④ ひとからほめられたときは、照れたりせず、素直に喜ぶこと。ほめられても、それを受け取らないで自己卑下し、それが謙虚な態度だと誤解している人が多い。

⑤ 自分の予想しなかったマイナス面を指摘されたら、言い訳をしないこと。言い訳は、口に出して言うのも胸の中でつぶやくのも同じで、せっかくのフィードバックを拒否して自分を守っているのである。しかし、よく理解できない指摘に対して質問することは、いっこうにかまわない。

⑥ マイナスの指摘をすることを、悪口を言うことと誤解している人がいる。ひどいときには、マイナスの指摘をしないばかりか、頼まれもしないのに、指摘を受けている人の弁護人になる人がいる。こういう人は、いまその人が何をやっているのかを指摘しても、なかなか止めようとしないので大変困る。

⑦ 必要な場合には、後で「ターン・オン」——みんなからいい気分になるようなことを言ってもらうこと。GWT財と同様にさまざまなターン・オンがある。(注8, 9)——を実施し、心に傷を残さないよう配慮する。

学校GWTのむずかしさは、ふりかえりにある。GWTを実施した直後にふりかえりをし、コメントをつけるのが一番良いのではあるが、時間をあまり取れないと思われるので、他の学級活動の中で、GWTの体験と今、目の前で起こっていることを関連させながら繰り返し話をして、GWTで学ばせたいと考えた態度・行動の定着をはかるのもよい。

注1．P.B.スミス編，岡村二郎編訳：小集団活動と人格変容，北大路書房，1984年
注2．E.H.シャイン／W.G.ベニス著，古屋健治／浅野満訳編：Tグループの理論—人間と組織の変容II，岩崎学術出版社，1969年
注3．D.カートライト／A.ザンダー著，三隅二不二／佐々木薫訳編：グループ・ダイナミックスI［第2版］，誠信書房，1959年
注4．西堀栄三郎／野田一夫著：出る杭をのばす，昌平社，1974年
注5．高橋眞太郎著：励まし，励まされて，ぱるす出版，1986年
注6．L.P.ブラッドフォード／J.R.ギップ／K.D.ベネ著，三隅二不二監訳：感受性訓練—Tグループの理論と方法，日本生産性本部，1971年
注7．W.R.ビオン著，対馬忠訳著：グループ・アプローチ，サイマル出版会，1973年
注8．坂野公信／高垣芳郎：人間開発の旅，遊戯社，1981年
注9．坂野公信：リーダーのGWT，遊戯社，1988年

B．なぜ，学校GWTは必要か

1．子どもたちのおかれている状況から

　　多様化する現代社会の中で，子どもたちのおかれている状況は，とても複雑であり，その特徴をとらえることさえむずかしくなってきている。近年，ニュースをにぎあわせている小・中学生の殺人事件にまで及ぶ暴力的行為や陰湿ないじめ，登校拒否問題など，教師ならずとも大人として心を痛める子どもたちの問題は，しだいに大きくなってきている。

　　私たちは，このような時代の流れの中で，子どもたちにとって，遊びの「仲間」「時間」「空間」の3つの「間」が極端に少なくなってきていることが，子どもたちの人間性の発達上，好ましくない状況を生み出している大きな原因の一つとして考えている。

　　たとえば，遊びの中で子どもたちは，自分の気持ちを表現したり，相手の気持ちを思いやったり，道徳観や社会性を体験的に身につけて成長していくものである。ところが，コンピューターゲームやスポーツ少年団などは，子どもたちから自由な遊び，創造的な遊びをうばい，加えて，塾通いなどによって，遊びの仲間や時間さえもうばってしまっている。現代の日本の子どもたちに，「ギャングエイジは存在しなくなった」と，断定する人もいるという。つまり，人としての発達段階のありさまが，現代では通用しなくなってきてしまっていると言えるのではないだろうか。

　　これは当然，学校教育の場にも大きな影響を及ぼしている。特に中学生ぐらいになると，友人関係もコミュニケーションが深まらず，表面的に調子だけを合わせていて，陰ではお互いの悪口を言いあったり，他人は他人とひらきなおって，理解しあおうという姿勢が欠如していたり，意見を主張しあうことはめんどうくさいことと逃避してしまう。正義観の強いことはひやかしの対象であり，相対的に強い者には従うが弱い者はいじめる子，自分自身をみつめることはとても不得意といったような傾向が強くなってきている。

2．"べき論"だけでは，変容しない子どもたち

　　このような子どもたちの現状に対して，私たち教師の指導も管理的であったり，説教，説諭，命令といったかたちをとることが多い。それは，教師は子どもたちの上位に立ち，「～すべきである」「～するべからず」という"べき論"ですすめられていることに起因していると考えられる。"べき論"では，教師の中に子どもたちのあるべき姿があり，その枠組の中に子どもたちを押し込めようとしている構図が見えてくる。このような方法では，多くの場合，教師は一方的に指導する人であり，子どもたちは一方的に指導される人という関係である。

　　発達段階に応じた遊びの中で，人とのかかわり方を学んでいく機会を失ってしまった子どもたちに"べき論"だけで指導して，はたして子どもたちに積極的な変容をうながしていけるのであろうか。また，本当の意味で「個性豊かに」「人間性豊かに」育てていくことができるであろうか。

3．子どもたちの"自己教育力"を育てる姿勢

　　私たちは，教育の質を高め得るのに，教育技術も大切だが，むしろ教師の人間性と子どもたちへの「かかわり方」にあると考えている。教師が「物事を教えていく人」「生活を指導する人」「子どもたちを評価する人」として，子どもたちをしばる存在としてあるのではなく，子どもを一個の人間として受け入れて認め，共に考え，共に悩み，共に喜びあう存在でありたいと願っている。星野欣生は，この教師としての姿勢を「With-ness」（注1）（ともにあること）という短い言葉で表現し，次の7項目をその要素としてあげている。
　　　①人間性　②現実性　③相互関係性　④開放性　⑤感受性　⑥親密性　⑦楽天性
　　そして「人間中心の教育」，または「教育の人間化」の必要性を説いている。このような考え方は，本来人間はよりよくなろうとする「自己教育力」をもっているということが基盤となっている。もちろん，他から学習への動機づけをされるよりも，自ら動機づけていく時，学習の効果が最も高くなることはよく知られている。つまり，教師の姿勢として最も大切なものは，教師が「動機づけを与える」のではなく，子どもたちとともにあること（With-nessの関係にあること）を通じて，子どもたち自身が気づき，学習していこうとする「動機を起こさせる」ことにあると考えている。

4．学校教育の中でのGWTの必要性

　　前項の「GWTとパティシペイターシップ」でも述べられているように，GWTの基本理念は「できるだけリラックスした雰囲気の中で自分の姿に気づき，自らの態度，行動を変容させていくこと」である。私たち，横浜市学校GWT研究会に集まる教師が，GWTに最も注目したのはこの点である。人は，他人から圧力をかけられて変容することはない。あるいは，もしそのようなことがあったとしても，私たちは，それは好ましいことではないと考えている。やはり私たちが，子どもたちの自己教育力を信じる限り，このGWTの基本理念は，学校教育の中で最大限に生かされていくべきだと思う。

　　GWTは，その名のごとく，ひとつのトレーニングであって，もともと教育課程の中に設定されているものではない。しかし私たちは，あえてGWTを学校教育の中に位置づけようとしている。

　　その理由は，次のとおりである。

　　学校教育の中には，さまざまなグループワークがある。いやむしろ，すべてがグループワークであると言っても過言ではない。学級，班活動，部，クラブ活動，委員会活動など，子どもたちは学校生活の中で，多数のグループに所属し，活動している。また，私たち教師は集団の質を向上させるためのひとつの手段として，小グループを設定し，一人ひとりに役割を分担させて存在意識をもたせたり，一人ひとりの個性を輝かせる場を設定したり，小グループから生まれる自主的活動を引き出そうと試みたりしている。

　　しかし，本当の意味でグループ活動が活性化し，グループとしての機能をはたしているかというと，その点は，はなはだ疑問である。つまり，かたちの上ではグループを形成していても，実がともなっていないというのが，現状ではなかろうか。

本当の意味でグループ活動を活性化させるためには，前項で述べている「パティシペイターシップ」が発揮されなくてはならない。本来ならば，従来の学校教育の中で行われてきたグループ活動をつうじて，「パティシペイターシップ」が養われていくことが理想であるが，グループ活動が多岐にわたったり，不明確であったりして，メンバー一人ひとりをフォローすることは，不可能に近い。そこで，直接的にグループの目標達成を目ざすことにならないが，別の場面で，グループワークとしてのトレーニングをし，「パティシペイターシップ」を養っていくことは，有効な方法であると思う。つまり，まわり道のようでも，GWTというトレーニングをとおして，自ら気づいたことは，日常生活やふだんのグループ活動の中にも，一般化され，生かされていくからである。また私たちは，学校GWTを開発するにあたっては，学校生活の中に一般化しやすい素材を選び，この本に集録したつもりである。
　このような理由から，私たちは，GWTを学校教育に積極的に生かしていきたいと考えている。

5. 教育課程への位置づけ

　学校が公教育である以上，GWTの活用は，教育課程の中で考えられるべきである。また，当然明確な目的をもち，決められた時間内に行っていくことも必要である。そこで私たちは，特別活動の学級指導の中に，GWTを位置づけていこうと考えている。学級指導の大きな4本柱のうち，小学校においては「学級生活，学校生活への適応」，中学校においては「個人および集団の一員としての在り方」についての指導の一つとして，有効な位置を占めることができると思う。ともすると，説諭，説教など後手の生徒指導になりがちなこの分野において，楽しみながら，自分の姿に気づき，自らの態度，行動の変容を起こさせていくことができるからである。
　学級指導は，本来の目的にある「自ら気づき，自ら自分を育てていく能力を開発し，将来における社会的自己実現を目ざす（横浜市教育課程より）」ための積極的なものでありたいと願っている。

　きたるべき21世紀に向けて，"べき論"教師から"With"教師へ，管理的な教師から人間性豊かな教師へ，説教や命令，竹刀をふりまわす教師から，子どもたち自らが気づき変容を助ける教師であるために，今，学校教育におけるGWTの必要性を強く感じるとともに，多くの教師の方々に"学校GWT"の存在を知っていただきたいと思っている。

　　注1）　行動科学実践研究会編　Creative O.D.Vol.Ⅳ　㈱プレスタイム，1987。

C.「ファシリテイター」としての教師像

　学級でGWTを実施する際に知っておかなくてはならない教師の姿勢，態度について，「ファシリテイター」という言葉を知っていただきたい。

1．GWTを実施する際の教師の役割
　GWTを学級で実施する際に，私たち教師は，次のような役割をもつことになる。
1) ねらいを決め，それにあったGWT財を選択する。
2) グループ・プロセス（GWT実施中の各グループの動き）を子どもたち一人ひとりの感情や気持ちの流れまでを含めて，よく観察する。
3) グループ・プロセスの観察をとおして，あくまで子どもたちの主体性を尊重しながら，なんらかの援助の必要を感じた場合，気づいた点を子どもたちにフィードバックすることによって，阻害要因や促進要因の指摘，明確化，勇気づけを行う。

　この役割を知り，GWTのマニュアルどおりに実施していけば，子どもたちに対して，そのねらいを一応達成していけるのであるが，「ファシリテイター」としての教師の姿勢，態度を身につけていくことが必要不可欠である。それによって学校GWT財は単なる教育技術のひとつにとどまらなくなるのである。

2．「ファシリテイター」とは
　従来，GWT財をねらいにあわせて選択し，実施する人を「トレーナー」とよんできた。そもそも「ファシリテイター」なる言葉は，『CREATIVE O.D.』(P. 6)の中で，「トレーナー」というよび名に変えて，「ファシリテイター」というよび名がふさわしいのではないかという提言がなされた。ここにその一部を引用させてもらうと，「トレーナーは，とかく誤解と反発を呼ぶことのある固い言葉である。それに対して，ファシリテイターとは，促進者を意味し，日本語としてはまだ市民権を得てはいないかも知れないが，少なくともトレーナーよりは脅威を感じさせないだろうし，トレーナー自身の意識としても，訓練してやるという感じよりは，皆の学習の促進を支える縁の下の力持ちという自覚にふさわしいと思う」として，訓練から促進というイメージが提案されている。

　このイメージを，学校における教師像を大きく揺り動かす視点の転換としてとらえ，ぜひ，学校GWT財を実施していく上で，「ファシリテイター」という言葉の定着をはかりたい。

3．ファシリテイターに要請される姿勢と態度
　さて，教師が「ファシリテイター」となりうるためには，日頃からどんな点に気をつけていかなくてはならないのであろうか。GWT財を実施する際の姿勢と態度として，『CREATIVE O.D.』には，以下の5項目があげられている。
1) 「共にある」ということ。
2) 援助的であるということ。
3) 状況への感受性が豊かであること。

4) 先走らないこと。
5) 失敗を恐れないこと。

この5項目を，学校GWT財を実施する際に，具体的にどうすればよいかを考えていきたい。

1)「共にある」ということ。

GWT財のねらいを達成させんがために，指導という名のもとに，子どもたちに教える姿勢を少なくし，いわゆる「Do」の場面では，子どもたちに自由に活動できる時間を保障し，Look, Thinkの場面では，自らの気づきを促進させるようなフィードバックをくふうする。そして，なによりも日頃からの子どもたちとのかかわりの中で，話を最後まで聞いてやったり，共に歌ったり，喜んだりしていくことが大切なのである。

2) **援助的であるということ。**

子どもたちが困っている時に手をさしのべるという狭い意味での援助ではなく，子どもたちの感情や行動などに深い関心と共感的理解をもつということ。どんな行動に対しても，善・悪の判断という視点だけで見ずに，「なんでこんなことをしているんだろう？」とか，「おもしろいことをするなあ」といった視点を増していくことが大切であり，共感＝援助と考えてもよい。

3) **状況への感受性が豊かであること。**

上記の1)と2)を意識して行動していれば，おのずと状況への感受性が豊かになってくる。子どもたちの一つの行動から，いろいろな情報を得られるような教師側の見る目がほしい。

4) **先走らないこと。**

ここは，『CREATIVE O.D.』(P.6) から，そのまま引用させてもらう。「教えたい，自分には見えているが，参加者（子ども達）はまだ気づいていない事柄を教えたいという衝動に負けないことが大切である。せっかく，潜在的には学習となる可能性のある事柄を，彼らが自力で解決する前に介入してしまうことは慎しまなければならない」(傍点部は筆者加筆)。

5) **失敗を恐れないこと。**

"失敗は成功のもと"。失敗したと思っているのは，おそらく教師だけではないだろうか。そもそも「共にある」という姿勢があれば，その失敗のプロセスを子どもたちと理解していこうということになり，かえって学習が深まっていくだろう。失敗すらも「共にある」のである。

4．ファシリティター＝教師

教師こそファシリティターでなくてはならない。このファシリティターというイメージが，教師と子どもたちとの新しい関係をつくりだしていくと考えている。そして，子どもたちとGWTを体験していくことが，ファシリティターとしての立場を学習していく上で，最も効果があると考える。なぜなら，GWTは他の教科学習と異なり，教えこまなくてもよいからである。そのうえ，教師がファシリティター化してくれば，授業そのものの形態が変化してくる可能性もあり，教育を考えるうえでもキーワードとなってくるであろう。

D.「ふりかえり」と「まとめ」について

── ふりかえりシート・観察シートの使い方 ──

1．ふりかえり

　一般に，GWTは，Do，Look，Thinkの段階をきちんと経ることでねらいに達成しようとしている。つまり，課題を行い，したことをふりかえり，ふりかえったことをまとめ，一般化することが必要である。その中で特に，GWTを行うねらいに直接にかかわってくるのが，ふりかえりの段階である。

　このことは，学校GWTでも同様である。課題（ゲーム）をしたあとで，子どもたちは，その活動についてふりかえることで，ねらいに近づいていくのである。

　このとき，「その活動についてふりかえる」というが，実際には，何についてふりかえるのであろうか。

　子どもたちが課題に取り組んでいるとき，グループの中で起こっていることの中には「コンテント」と「プロセス」の2つの側面がある。

　「コンテント」というのは，課題を解決しているときに出た内容のことである。"火事だよ！"において，ファミコンを持って家を出るのか，それとも自分のアルバムなのか，それらの中から，どのような意見が出て決まったのかなどは，すべてコンテントである。

　また，「プロセス」とは，課題を解決しているときに出ている，グループ一人ひとりの情緒的な面も含めての，対人関係的な過程である。

　GWTを行うねらいは，リーダーシップやメンバーシップについて学ぶといった，対人関係についてのことであるから，ふりかえる観点は，コンテントよりもプロセスにある。だから，〈ふりかえりシート〉にも，プロセスのふりかえりについて記入するようになっているわけである。

　子どもたちは，それぞれの財に書かれている〈ふりかえりシート〉に記入することによって，ふりかえりをする。実際に行った活動を，記入することでじっくりふりかえらせるわけである。このとき，友だちをけなす言葉を書かないよう注意をする必要がある。

　また，小学校中学年ぐらいの段階では，ふりかえりをしても，そのふりかえりが深まらないこともあるかもしれない。ふりかえりは，自分のしたことに自分自身が責任をもったときにはじめて効果があるからである。そのようなときは，〈ふりかえりシート〉に記入させずに，教師のまとめのときに，教師のほうから指摘をする程度のふりかえりでよいだろうと考えている。

　このようなふりかえりは，GWTにおいてだけでなく，日常生活の中で行われるグループ活動において行うとよいと思われる。プロセスについて記入してあるわけだから，教師のねらいにあわせて使われるとよいだろう。ふりかえりの観点については，「GWTのトレーナーが個人と集団を観察するポイント」を参考にされたい。

2．まとめ

　ふりかえりを終了したら，教師からまとめを行う。グループから発表された意見，〈ふりかえりシート〉に書かれた感想などをもとに，ねらいに即したかたちでまと

めをする。このとき，次ページにある〈観察シート〉を使うとよい。グループごとに作業をしているときに，教師が次の観点で気づいたことを記入しておくのである。「話し合いの経過」のところは，グループの集中度をサインカーブで表しておき，「グループの動き，個人の動きで気づいたこと」のところで，ねらいに関連した動きについて記入しておく。活用されるようおすすめする。

〔参考〕
GWTのトレーナーが個人と集団を観察するポイント

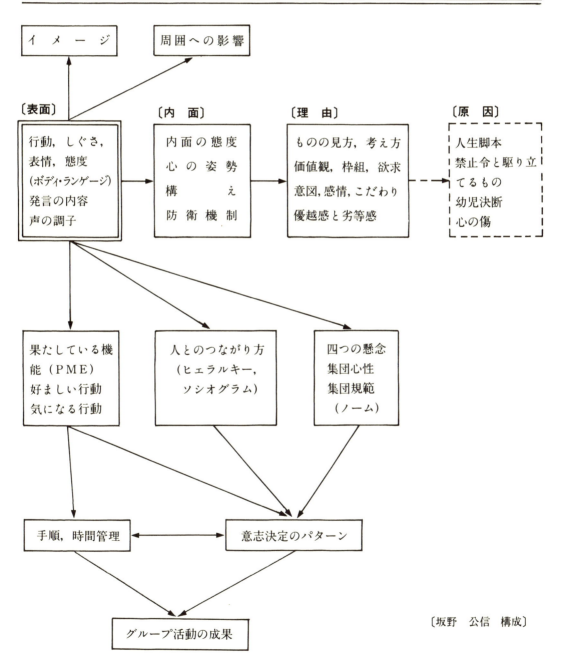

〔坂野　公信　構成〕

観 察 シ ー ト

グルー プ名	話し合いの経過 5　　10　　15　（分）				グループの動き，個人の動きで気づいたこと

E．GWTを学級にとり入れてみて

1．子どもたちに対する対応が変わったこと

1) 授業が変わった

　　　日常生活の中で，自分の考えを述べなくてはならない場面が出てくるが，そのときに意見を述べる人と，述べないで終りにしてしまう人とがいる。意見を述べてくれれば，その人の考えが分かる。話し合いのときは，この意見を述べた人たちによって，いろいろな事柄が決められていくことが多い。しかし，ここで大事なことは，意見を述べない人も必ず自分の考えを持っているということである。

　　　GWTの中では，「自分の考えを述べること」は，大切なことであると考えている。それゆえ，GWTの中には，自分の考えを述べなくては問題が解決しないという場面が用意されている。当然，そこで述べられる考えは，その人の価値観によって全く違うものになってくる。もちろん，同じ考えばかりではつまらない。いろいろな考えが出てくるからこそ，1人よりも2人，2人よりも3人のほうがより良いものを生み出していくことができる。

　　　さて，これをクラスに帰って子どもたちに向き合った時に当てはめてみた。そこでは，「子どもたちに1つの質問をした時に，必ずどの子どもも自分なりの答えを持つ」ということが確信できた。

　　　このことが自分の中にしっくり入った時から，私はすべての子どもたちが発言をするまで待つことができるようになった。

　　　時間を与えて待つと，どの子どもも自分の考えを述べる。ただし，最初は本当に時間がかかる。1人1分としても，40人では40分かかる。私と一緒に，みんなの考えが出るのを待ってくれる子どもたちがいたからできたのである。

　　　子どもたちに「意見を言わなくては」という意識ができ上がった頃から，授業の中で，どんな質問をしたら子どもたちの考えを引き出せるかということを常に考えるようになった。授業の中では，国語の作品についての感想や登場人物の気持ちを考える場面，道徳で自分の気持ちや考えを述べる場面，社会の事実について自分の感想を持つ場面，そして理科の仮説をたてる場面などに生かすことができたのである。教師として，ねらっている解答はあるのだが，子どもたちが，自分なりの考えを持つことを第1段階，いろいろな意見を出しあう（相手の考えを聞くことも含まれる）のを第2段階，子ども同士または，私との答えの接点をみつけていくことを第3段階とするようにした。

2) グループの動きが見える　——グループで協力しなさいという時——

　　　次に，グループの動きが見えるようになったということがある。

　　　これまでは，「グループで話しあってください」と言うだけで，その方法については，うまく指示できていなかった。だから，子どもたちは，質問とは全然違う話（今日の遊びの約束だとか，友だちのことだとか）をしていることもあったし，グループの考えがまとまらないということもあった。また，ワンマンなリーダーが，みんなの意見を無視して，自分の考えを押しとおしてしまうこともあった。

　　　ところが，GWTを受けたことによって，そのグループのどの子どもが，どんな動きをしているのかを見ることができるようになった。

たとえば，「今まとめ役は〇〇さんだ」とか，「みんなのやる気を出させているのは〇〇さん」「〇〇さんが，自分の意見を変えられないのでグループの意見がまとまらないのだ」というようなことである。すると，グループの話し合いを効果的なものにするために，どこを具体的にアドバイスしていったらよいかが，分かってきた。

たとえば，グループ全体に対しては，「ここで話し合いの方向を変えたことがよかったね」「〇〇さんは，もっと自分の考えを言ってもよかったね」「〇〇さんのあの発言でみんなのやる気が出たね」などということを述べられる。こちらが具体的な投げかけが出来るということは，子どもたちにとっては，今までのような中途半端な話し合いは，出来なくなるということである。そして，GWTを使って，意見のまとめ方の方法として，多数決だけでなく，コンセンサスという方法があることも知らせていくことができた。

そして，生活の中で起こってくる様々な問題でも（たとえば，「〇〇さんが，〇〇さんの悪口を言って困る」というとき）「あなたはどう思いますか」という問いかけを子どもたちに返すことによって，自分自身の問題として考えさせることができた。さらに，「グループで協力しなさい」という漠然とした言葉でなく，だれかがまとめ役になり，それを支える人がいて，励ましあっていくこともあるし，役割を分担して能率よく仕事をすることもあるということを具体的にアドバイスできた。

3) 子どもをしからなくなった　――「友だちと仲良くしなさい」という時――

個人的な課題がある場合には，あとから別の場所に呼んで，話をする。「あの時こんな発言をしたね。周りにいた友だちは，どう感じたと思いますか」「あなたがこうしたことで，どんなことが起こったと思いますか」というように，自分の行動がどうであったかに気づくように問いかけていくのである。私に呼ばれた子どもは，自分がどうであったかをよく分かっていた。高学年の子どもたちは，自分の行動をかなり客観的に考えることができるということが分かった。

以前は，「あなたがこういうことをしたのは，良くないから直しなさい」といういわば，否定や評価と，命令であった。しかし，この「あなたはどう思いますか」という問いかけは，教師が一方的に「〇〇はいけません」と言う単なるお説教とは違って，子ども自身が，自分を見つめていくための具体的なアドバイスにつなげることができる。そして，子ども自身が気づいていくのであるから，態度変容につながっていく。この自分で気づくということを大切にしたい。

２．私自身が変わったこと
1) 価値観が変わった

自分が今まで大切だと思っていたことも，ほかの仲間の意見を聞くとたいしたことでないことが分かった。それは，教師の側に「こうあらねばならない」という枠があり，子どもを管理しようとする姿勢が動いていたのである。学校で作られている決まりとか，約束とかいうものもよく点検してみると，教師の都合によって作られているものが，かなりあることに気づいた。これによって，今までいけないといっていた子どもたちの行動や意見を，「教師の都合ではないか」という観点から点検し直し，認めていくことができるようになった。教師としての私の枠が広がることによって，子どもたちは生き生きと主体的に行動していくようになっていた。

2) 学校の運営について考える

　　教師でない人の意見を聞くチャンスがあったことは，学校に対する考え方を大きく変えた。私たちが受けたGWTは，企業の研修に使われている内容のものもある。学校と一般の企業の取り組みの違いが歴然とする。企業で良いとしていることの中に，もっと学校に取り入れたほうがよいと思われることもたくさんあった。

　　たとえば，「学校の先生は，時間にルーズである」というのである。これは，学校の会議だと，話し合いがまとまらず，時間が延長されていってしまうことがよくある。ところが，もし利益を追及している企業だと，時間内に方針を決めなければ，企業自体が何億もの利益を失うという場合もあるそうだ。GWTを企業の人々に行うと時間内に決定することが，私たち教師の集団だと，決定出来ないということがあった。話し合いを時間内に終らせようという態度に欠けていることに気づいたのである。

　　そこで，どうしたら時間内に決定できるのかを考えるようになった。まず，話しあわなくてはならない項目がいくつあるかを考えて時間配分をする。そして，話し合いのための原案を必ず出した。これとあわせて，自分の考えはしっかり言うが，意見を引くべきときは引くということを実行した。当り前のことなのだが，これすらもできていなかったのである。

3) 学校にGWTを取り入れると

　　GWTの良いことの一つとして，短時間にグループごとの共通体験ができるということがあげられる。子どもたちに共通の体験があるのだから，学級経営の中で，「あの時こんなことに気づいたね」ということを繰り返し，いろいろな指導場面で思い出させていくことができるということである。

　　また，子どもたちとしては，みんなの前で，自分の考えを主張する態度を身につけていくことができる。これは，より良いものを生みだしていくための原動力に必ずなっていくと思われる。

　　それから，GWTのふりかえりは，学校行事やクラスでの取り組みで共通体験したことを，ふりかえる時にも使っていくことができると思う。ただ実施しただけでなく，1人ではできなかったけれど，仲間がいたからできたという達成観をより深く体験させることができる。

実 践 報 告 書

日本学校 GWT 研究会

GWT 財名 　　　　　　　　　　　　　　　（　　　用）　　　年　月　日

対象者	学　校　　年　組	人　数	男　名　女　名　計　名 （　名×　　班）
実施者		観察者	
実施期日	年　　月　　日（　） 　　校時		

実施以前の クラスの様子	
このGWT を活用する ね ら い	
ふりかえり シートより	
教師の感想	
問 題 点 ・ 改 善 点	

- 134 -

実 施 記 録

時　間	内　　容	実施者の言葉かけ	対象者の反応・その他

日本学校グループワーク・トレーニング研究会

発足まで

この会は，1984年，横浜に2つの研究会が発足したことに始まります。その一つは「横浜市学校レクセミナー」で，もう一つは「GWT研究会ひとひと塾」です。これらの研究会の研修の中で，坂野公信先生から，私たちは初めてGWTについて指導を受けたのです。

そして，自分たちが何度もGWTを実際に受けているうちに，グループの中での自分のよりよいありかたが見えてきたり，自分の気づかない自分自身が見えてきたりして，「この方法はとても有効だなあ」と実感してきました。その過程で，私たちは教師の集まりですから，当然のように，「このようなすばらしい方法を，学校教育の中に生かせないだろうか」と考えるようになりました。

そこで，学校で児童用につかえるGWT財を開発し，実践し，評価するために，坂野先生を会長として招き，この「横浜市学校グループワーク・トレーニング研究会」は，1987年4月に発足しました。その後，「日本学校グループワーク・トレーニング研究会」と改名しました。

研究会の目的

日本学校グループワーク・トレーニング研究会は，成人を対象として開発され，様々な分野で利用されてきたGWTの有効性を認め，GWTを学校教育の中にとりいれていくことを目的として，発達段階に応じた，学校用GWT財の開発研究を行います。

学校用GWT財を実施するねらい

グループの相互作用を利用して，子どもたちが，体験的に人間関係を学んでいき，クラスの中で認められた，よりよい人間として自ら成長していく過程を助けることをねらっています。

研究会の活動

この会は，対象学年別に4つの分科会に分かれて活動しています。それぞれ，小学校低学年部会，中学年部会，高学年部会，中学校部会です。

年3回の宿泊研修では，まず坂野先生の指導により，毎回決められたテーマ（たとえば，「協力ゲーム」「集団決定」「聴き方を学ぶ」など）にそって，GWT財の紹介を兼ねた実践を行い，それらをもとに，各部会ごとに，2つから3つの児童・生徒用のGWT財を開発していきました。そして，月1回の定例会で，その開発された財を自分のクラスで実践してみた結果を報告しあい，財を改正していきました。この本にかかれたGWT財は，ほとんどこのような方法で作られたのです。

今後の活動としては，このような児童用GWT財の開発などのほかに，次のようなことを行っていきたいと考えています。
　① 保護者会などでつかえる，保護者用のGWT財の開発
　② GWTが学級で有効であるかどうかを判断する評価研究（YGテスト，ソシオメトリーなどの心理学的手法による）
　③ 学校GWTの講習会の開催　等。

研究会の会員

研究会は，次のように，幼稚園，小学校，中学校の教師を中心に，GWTに興味を持った人たちが集まっています。この本を手にしているあなたもぜひ参加してみませんか。

執筆者名簿

■横浜市学校 GWT 研究会
坂野　公信（人間開発研究所）
石井　幸子（上大岡幼稚園）
石原　由紀子（秦野市立堀川小学校）
稲村　たまみ（横浜市立並木第二小学校）
笠井　健一（東京学芸大学附属小金井小学校）
北見　俊則（横浜市立野庭中学校）
高橋　あつ子（川崎市立宮前平小学校）
竹内　孝文（横浜市立六ツ川台小学校）
戸崎　光（横浜市立浜中学校）
長井　忍（松下電器）
並木　靖子（大和市立下和田小学校）
西川　健二（横浜市立富士見台小学校）
西本　竜子（横浜市立領家中学校）
畑井　俊彦（横浜市立南舞岡小学校）
福田　かおり（相模原市立大野台小学校）
三上　吉洋（横浜市立西本郷小学校）
三上　淑恵（(前)横浜市立高舟台小学校）
三橋　美由紀（横浜市立名瀬小学校）
村田　重子（横浜市立並木第三小学校）
安村　緑子（横浜市立二つ橋養護学校）
山田　昭（シンガポール日本人学校）
山本　宏文（横浜市立釜利谷東小学校）

（1989年当時）

■日本学校 GWT 研究会
石原　由紀子（秦野市立渋沢小学校）
神田　敏之（横浜市立東台小学校）
木村　綾子（横浜市立文庫小学校）
木村　元子（野田市立岩木小学校）
國武　恵（南山大学大学院）
佐藤　安世（横浜市立一本松小学校）
田中　三香子（川崎市立小倉小学校）
西谷　智子（大和市立大和東小学校）
森山　明（横浜市立三ツ沢公園青少年野外活動センター）
湯浅　治美（横浜市立生麦小学校）
渡辺　晃世（チャイルドマインダー）

（2005，2006，2007年度の会員）

カバー・イラスト＝北見明子

※この作品は，1989年9月に株式会社遊戯社より刊行されたものです。
（2007年3月補訂，2009年1月改訂）

改訂　学校グループワーク・トレーニング

2016年 4 月 1 日　　初版第 1 刷発行　　［検印省略］
2024年 9 月20日　　初版第12刷発行

監　修　坂野公信
著　者　日本学校グループワーク・トレーニング研究会Ⓒ
発行人　則岡秀卓
発行所　株式会社　図書文化社
　　　　〒112-0012　東京都文京区大塚1-4-15
　　　　Tel.03-3943-2511　　Fax.03-3943-2519
　　　　振替　00160-7-67697
　　　　http://www.toshobunka.co.jp/
印刷・製本　株式会社平文社

乱丁・落丁本の場合はお取り替えいたします。
定価はカバーに表示してあります。
ISBN978-4-8100-6674-6　C3337

|JCOPY|〈出版者著作権管理機構　委託出版物〉
本書の無断複写は著作権法上での例外を除き禁じられています。
複写される場合は，そのつど事前に，出版者著作権管理機構
（電話 03-5244-5088，FAX 03-5244-5089，e-mail: info@jcopy.or.jp）
の許諾を得てください。

ソーシャルスキル教育の関連図書

ソーシャルスキル教育で子どもが変わる［小学校］

國分康孝監修　小林正幸・相川充 編　　　　B5判 200頁　**本体2,700円**

友達づきあいのコツとルールを楽しく体験して身につける。①小学校で身につけるべきソーシャルスキルを具体化、②学習の手順を段階化、③一斉指導で行う具体的な実践例、をまとめる。

実践！ ソーシャルスキル教育［小学校］［中学校］

佐藤正二・相川充 編　　　　　　　　　　B5判 208頁　**本体各2,400円**

実践の事前，事後にソーシャルスキルにかかわる尺度を使用し，効果を検証。発達段階に応じた授業を，単元計画，指導案，ワークシートで詳しく解説。

育てるカウンセリング実践シリーズ②③
グループ体験によるタイプ別！学級育成プログラム ［小学校編］［中学校編］

－ソーシャルスキルとエンカウンターの統合－

河村茂雄 編著　　　　　　　　　　　　B5判 168頁　**本体各2,300円**

●主要目次：心を育てる学級経営とは／基本エクササイズ／学級育成プログラムの6事例

いま子どもたちに育てたい
学級ソーシャルスキル〔小学校低〕〔小学校中〕〔小学校高〕〔中学校〕

河村茂雄・品田笑子 ほか 編著　　　　　B5判 208頁　**本体各2,400～2,600円**

「みんなで決めたルールは守る」「親しくない人とでも区別なく班活動をする」など，社会参加の基礎となる人間関係の知識と技術を，ワークシート方式で楽しく身につける。

●主要目次：学級ソーシャルスキルとは／学校生活のスキル／集団活動のスキル／友達関係のスキル

社会性を育てるスキル教育35時間 小学校全6冊／中学校全3冊

－総合・特活・道徳で行う年間カリキュラムと指導案－

國分康孝監修　清水井一 編集　　　　　　B5判 約160頁　**本体各2,200円**

小学校1年生で身につけさせたい立ち居振る舞いから，友達との関係を深め，自分らしさを発揮しながら未来の夢を探る中学3年生まで。発達段階に応じてこころを育てる。

学級づくりがうまくいく
全校一斉方式ソーシャルスキル教育［小学校］

－イラストいっぱいですぐできる指導案と教材集－

伊佐貢一 編　　　　　　　　　　　　　B5判 168頁　**本体2,500円**

全校一斉方式だから，学校規模で取り組みやすい。①いつもの全校集会をアレンジするだけ。②毎月の生活目標と連動させれば効果UP。③1回だけのお試し実施や，学年集会での実施も。

図書文化

※定価には別途消費税がかかります

構成的グループエンカウンターの本

必読の基本図書

構成的グループエンカウンター事典
國分康孝・國分久子総編集　Ａ５判　本体6,000円＋税

教師のためのエンカウンター入門
片野智治著　Ａ５判　本体1,000円＋税

エンカウンターとは何か 教師が学校で生かすために
國分康孝ほか共著　Ｂ６判　本体1,600円＋税

エンカウンター スキルアップ ホンネで語る「リーダーブック」
國分康孝ほか編　Ｂ６判　本体1,800円＋税

構成的グループ
エンカウンター事典

目的に応じたエンカウンターの活用

エンカウンターで保護者会が変わる 小学校編・中学校編
國分康孝・國分久子監修　Ｂ５判　本体 各2,200円＋税

エンカウンターで不登校対応が変わる
國分康孝・國分久子監修　Ｂ５判　本体2,400円＋税

エンカウンターでいじめ対応が変わる 教育相談と生徒指導の
　　　　　　　　　　　　　　　　　　　さらなる充実をめざして
國分康孝・國分久子監修　住本克彦編　Ｂ５判　本体2,400円＋税

エンカウンターで学級づくりスタートダッシュ 小学校編・中学校編
諸富祥彦ほか編著　Ｂ５判　本体 各2,300円＋税

エンカウンター　こんなときこうする！ 小学校編・中学校編
諸富祥彦ほか編著　Ｂ５判　本体 各2,000円＋税　ヒントいっぱいの実践記録集

どんな学級にも使えるエンカウンター20選・中学校
國分康孝・國分久子監修　明里康弘著　Ｂ５判　本体2,000円＋税

どの先生もうまくいくエンカウンター20のコツ
國分康孝・國分久子監修　明里康弘著　Ａ５判　本体1,600円＋税

10分でできる　なかよしスキルタイム35
國分康孝・國分久子監修　水上和夫著　Ｂ５判　本体2,200円＋税

エンカウンターで
保護者会が変わる
（小・中）

エンカウンターで学級が変わる
（小・中・高）

多彩なエクササイズ集

エンカウンターで学級が変わる　小学校編　中学校編　Part 1～3
國分康孝監修　全３冊　Ｂ５判　本体 各2,500円＋税　　Part1のみ 本体 各2,233円＋税

エンカウンターで学級が変わる 高等学校編
國分康孝監修　Ｂ５判　本体2,800円＋税

エンカウンターで学級が変わる ショートエクササイズ集 Part 1～2
國分康孝監修　Ｂ５判　Part1：本体2,500円＋税　Part2：本体2,300円＋税

図書文化

河村茂雄の学級経営

● Q-U

学級づくりのためのQ-U入門
A5判 本体1,200円+税

Q-Uによる
特別支援教育を充実させる学級経営
B5判 本体2,200円+税

Q-Uによる　　小学校／中学校／高校
学級経営スーパーバイズ・ガイド
B5判 本体3,000~3,500円+税

●シリーズ事例に学ぶQ-U式学級集団づくりのエッセンス

集団の発達を促す学級経営
小学校（低／中／高）／中学校／高校
B5判 本体2,400~2,800円+税

実践「みんながリーダー」の学級集団づくり
小学校／中学校　B5判 本体各2,400円+税

●学習指導

授業づくりのゼロ段階
A5判 本体1,200円+税

授業スキル　小学校編／中学校編
B5判 本体各2,300円+税

学級タイプ別 繰り返し学習のアイデア
小学校編／中学校編
B5判 本体各2,000円+税

●学級集団づくり

学級集団づくりのゼロ段階
A5判 本体1,400円+税

学級リーダー育成のゼロ段階
A5判 本体1,400円+税

Q-U式学級づくり
小学校（低学年／中学年／高学年）／中学校
B5判 本体各2,000円+税

学級集団づくりエクササイズ
小学校編／中学校編
B5判 本体各2,400円+税

●特別支援教育

ここがポイント
学級担任の特別支援教育
B5判 本体2,200円+税

特別支援教育を進める学校システム
B5判 本体2,000円+税

ワークシートによる
教室復帰エクササイズ
B5判 本体2,300円+税

●学級経営の理論的構築

日本の学級集団と学級経営
A5判 本体2,400円+税

こうすれば学校教育の成果は上がる
A5判 本体1,000円+税

●ロングセラー

学級崩壊 予防・回復マニュアル
B5判 本体2,300円+税

タイプ別 学級育成プログラム
小学校／中学校　B5判 本体各2,300円+税

学級ソーシャルスキル
小学校（低学年／中学年／高学年）／中学校
B5判 本体2,400円~2,600円+税

図書文化

ストップ！ いじめ連鎖・不登校スパイラル

今日から始める 学級担任のための アドラー心理学

勇気づけで共同体感覚を育てる

会沢信彦（文教大学教育学部教授）　岩井俊憲（ヒューマン・ギルド代表）　編著

四六判　184頁　本体1,800円＋税

- 「勇気づけ」は，困難を克服する活力を与えること
- 教育実践への導入に最適な入門書

目次　第1章 アドラー心理学の考え方　第2章 子どもの不適切な行動の四つの目標　第3章 勇気づけ　第4章 共同体感覚　第5章 こんなときどうする

アドラー心理学が教育に生きる5つのポイント
1. アドラー心理学は，アルフレッド・アドラーが打ち立て，後継者たちが発展させ続けている心理学です。
2. アドラー心理学は，民主的な教育観に則っています。
3. アドラー心理学は，過去の原因探しをしない心理学です。
4. アドラー心理学は，勇気づけの心理学です。
5. アドラー心理学は，共同体感覚の育成をめざす心理学です。

図とイラストですぐわかる 教師が使える カウンセリングテクニック80

諸富祥彦 著　本体1,800円＋税　四六判　192頁

すぐにそのまま，明日から使えるテクニック

執筆者紹介
明治大学文学部教授。1963年福岡県生まれ。筑波大学，同大学院博士課程修了。教育学博士。千葉大学教育学部講師・助教授（11年）を経て現職。「現場教師の作戦参謀」として，抽象的ではない実際に役立つアドバイスを先生方に与えている。悩める教師を支える会代表。

テクニック80
教師の哲学（3）／教師は人間関係のプロでなければならない（7）／子どもの心がスッと前向きに変わる最強のカウンセリング技法（10）／学校で使えるグループアプローチ（19）／教育相談週間とアンケートと個別面接（5）／いじめ（5）／不登校（5）／特別支援教育（12）／保護者対応（6）／チーム支援（4）／生徒へのかかわりの根本姿勢（1）／メンタルヘルス（3）

〒112-0012　東京都文京区大塚1-4-15　図書文化
http://www.toshobunka.co.jp/
TEL. 03-3943-2511　FAX. 03-3943-2519
ブックライナーで注文可　0120-39-8899